分冊冊子の使い方

次の図のように、色紙から各分冊の冊子を取り外してご利用ください。

※色紙と各分冊の冊子が、のりで接着されています。乱暴に扱いますと、破損する危険性が
　ありますので、丁寧に取り外すようにしてください。

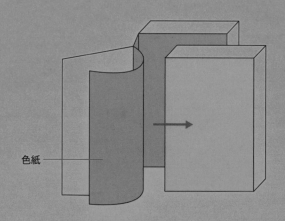

色紙

※抜き取る際の損傷についてのお取替えはご遠慮願います。

目次

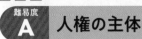

人権の主体

第1章第1節

問題 1　外国人の人権享有主体性に関する次の**A**〜**C**の記述の正誤の組合せとして最も適当なものはどれか（争いのあるときは、判例の見解による。）。

裁判所2006

A　公務員を選定罷免する権利は、その性質上、国民にのみ認められる権利であり、外国人には憲法上の保障が及ばないから、法律をもって、地方公共団体の長や議会の議員に対する選挙権を永住者である定住外国人に付与する措置を講ずることは、憲法上許されない。

B　出国の自由は、その性質上、外国人にも保障が及ぶが、出国は、一般的には当然に帰国を前提とするものであるから、一度入国を許可された外国人には、憲法上、再入国の自由もまた保障される。

C　政治活動の自由は、外国人の地位にかんがみ認めることが相当でないと解されるものを除き、外国人にも保障されるが、人権の保障は外国人の在留制度の枠内で与えられるものにすぎないから、在留期間の更新の際に、在留期間中の外国人の行為を消極的な事情として考慮されないことまで保障されるわけではない。

	A	B	C
1	誤	誤	誤
2	誤	正	誤
3	誤	誤	正
4	正	正	誤
5	正	誤	正

正 解 3

　AとBは確実に誤りであると判別できるようにしたいですね。Cは過去問で繰り返し問われている部分なのでしっかりと覚えておきましょう。

A ✘ 💡　　地方選挙権を法律で与えることは可　　②

　公務員を選定罷免する権利（＝選挙権）について、外国人には憲法上の保障は及びませんが、地方選挙については、本記述の後半のような場合、付与することが可能です（定住外国人地方選挙権訴訟）。

B ✘ 再入国の自由は保障されない　　②

　出国の自由は外国人にも保障されていますが、たとえ一度入国を許可された外国人であっても、**再入国の自由は憲法上、保障されていません**（森川キャサリーン事件）。

C ◯　　②

　判例は本記述と同趣旨のことを述べています（マクリーン事件）。

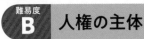

問題2　　人権の享有主体に関する**ア〜オ**の記述のうち、妥当なもののみを全て挙げているのはどれか。　　　　　　　　　国家専門職2020

ア　天皇や皇族も、日本国籍を有する日本国民であり、一般国民と同様の権利が保障されるため、選挙権及び被選挙権が認められている。

イ　法人にも、権利の性質上可能な限り人権規定が適用されるため、宗教法人には信教の自由が、学校法人には学問及び教育の自由が保障される。

ウ　外国人にも、権利の性質上可能な限り人権規定が適用されるため、永住資格を有する定住外国人には国政の選挙権及び被選挙権が認められている。

エ　我が国に在留する外国人には、入国の自由が保障されず、また、外国へ一時旅行する自由を保障されているものでもないから、再入国の自由も保障されないとするのが判例である。

オ　法人たる会社は、自然人たる国民と同様、国や政党の特定の政策を支持、推進し又は反対するなどの政治的行為をなす自由を有しており、その自由の一環として、公共の福祉に反しない限り、政党に対する政治資金の寄附の自由を有するとするのが判例である。

1　ア、ウ
2　イ、エ
3　エ、オ
4　ア、ウ、オ
5　イ、エ、オ

正 解 5

ウ、エ、オの正誤は確実に判断できるようにしましょう。それができていれば正解の決め手は**イ**の判別にあったといえます。**ア**の重要度は低いです。

ア ✕ 一般国民と異なった人権制約が認められる ④

天皇・皇族はその地位の特殊性から一般の国民と同様の権利が保障されているとはいえず、**選挙権、被選挙権は認められていません**。

イ 〇 ③

法人にも性質上可能な限り人権が保障されます（判例・通説）。そして、宗教法人には信教の自由が、学校法人には学問及び教育の自由が保障されています。

ウ ✕ 国政の選挙権・被選挙権は認められず ②

外国人にも、権利の性質上可能な限り人権規定が適用されるので前半は正しい記述です（判例・通説）。しかし、たとえ永住資格を有する在留外国人であっても、**国政の選挙権及び被選挙権は認められていません**。

エ 〇 ②

外国人には、入国の自由、外国へ一時旅行する自由、再入国の自由のいずれも保障されていません（判例）。

オ 〇 ③

判例は本記述と同趣旨のことを述べています（八幡製鉄事件）。

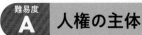

問題3　　人権の享有主体に関する次の**ア〜エ**の記述のうち、妥当なもののみを全て挙げているのはどれか（争いのあるときは、判例の見解による。）。

裁判所2020

ア　憲法第3章の人権規定は、未成年者にも当然適用される。もっとも、未成年者は心身ともにいまだ発達の途上にあり、成人と比較して判断能力も未熟であるため、人権の性質によっては、その保障の範囲や程度が異なることがある。

イ　強制加入団体である税理士会が行った、税理士に係る法令の制定改廃に関する政治的要求を実現するために、政党など政治資金規正法上の政治団体に金員を寄付するために特別会費を徴収する旨の総会決議は、無効である。

ウ　強制加入団体である司法書士会が行った、大震災で被災した他県の司法書士会へ復興支援拠出金の寄付をすることとし、そのための特別負担金を徴収する旨の総会決議は、無効である。

エ　基本的人権の保障は、その権利の性質上許される限り外国人にも及び、わが国の政治的意思決定又はその実施に影響を及ぼす活動などを含む全ての政治活動について保障が及ぶ。

1　ア、イ
2　ア、ウ
3　イ、ウ
4　イ、エ
5　ウ、エ

| 正　解 | 1 |

　確実に正解したい問題です。**ア**がはっきりとは判別できなくても、**ウ**と**エ**を✖と確実に判断することで正解できます。

ア　〇

　未成年者にも当然人権規定は適用されます。しかし、未成年者は、判断能力が未熟であるため本記述のような制約を受け、人権の性質によっては、**その保障の範囲や程度は異なることがある**とされています。

> **プラスone** このような制約をパターナリスティックな制約と呼びます。これは本人のために保護者的な立場から行われる制約です。

イ　〇

　判例は、本記述と同趣旨のことを述べています（南九州税理士会事件）。

ウ　✖　司法書士会による同業者支援は目的の範囲内

　他県の司法書士会への寄付は、**同業者の支援であり会の目的の範囲内**と判断されます。したがって、そのための特別負担金の徴収決議も有効です（群馬司法書士会事件）。

エ　✖　すべての政治活動は保障されず

　基本的人権の保障は、権利の性質上日本国民のみをその対象としていると解されるものを除き、わが国に在留する外国人に対しても等しく及びます（マクリーン事件）。しかし、政治活動については「**わが国の政治的意思決定又はその実施に影響を及ぼす活動**」は**除外**されており、外国人には保障が及びません。

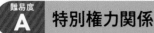

問題 4 基本的人権の限界に関する次の記述のうち、判例に照らし、妥当なのはどれか。

国家専門職2015

1 公務員も憲法第28条にいう勤労者に当たり、原則として労働基本権の保障を受け、ただその担当する職務の内容に応じて、私企業における労働者とは異なる制限を受けるにすぎないから、その制限は合理性の認められる必要最小限度のものにとどめられなければならず、その制限違反に対して刑事罰を科すことは許されない。

2 公務員の政治活動の自由の制限は、公務員の職務上の地位やその職務内容、行為の具体的態様を個別的に検討し、その行為によってもたらされる弊害を除去するための必要最小限度の制限が許されるにすぎず、その制限違反に対して刑事罰を科すことは許されない。

3 未決勾留により拘禁されている者にも意見、知識、情報の伝達の媒体である新聞、図書等の閲読の自由が憲法上認められるが、閲読を許すことにより刑事施設内の規律及び秩序が害される一般的、抽象的なおそれがある場合には、当該閲読の自由を制限することができる。

4 企業者が特定の思想、信条を有する者をそのことを理由として雇い入れることを拒んでも、それを当然に違法としたり、直ちに民法上の不法行為とすることはできない。

5 国公立大学においては、その設置目的を達成するために学則等を一方的に制定し、学生を規律する包括的権能が認められるが、私立大学においては、そのような包括的権能は認められず、同様の行為を行うことは、社会通念に照らして合理的と認められる範囲を超え許されない。

正解 4

　正解の **4** は容易に判定ができるので、ストレートに **4** を正解としたい問題です。

1 ✕ 刑事罰を科すことも許される

　前半は正しいですが、後半が誤っています。判例は、公務員も28条の「勤労者」にあたり、労働基本権の保障を受けるとしたうえで、公務員の争議行為およびそのあおり行為等を一律禁止し、**その違反に刑事罰を科している国家公務員法の規定については合憲**としています（全農林警職法事件）。

2 ✕ 刑事罰を科すことも許される

　判例は、公務員の政治活動を禁止している国家公務員法および人事院規則を合憲としており、**刑事罰を科すことも許されるとしています**（堀越事件）。

3 ✕ 💡 一般的、抽象的なおそれでは足りない

　判例は、その制約が許されるためには、閲覧を許すことで規律および秩序が害される一般的、抽象的なおそれがあるというだけでは足りず、その閲読を許すことで監獄内の規律および秩序の維持において放置することのできない程度の障害が生ずる**相当の蓋然性があると認められることが必要**であるとしています（よど号新聞記事抹消事件）。

4 ○

　判例は本記述と同趣旨のことを述べています（三菱樹脂事件）。

5 ✕ 国公立か私立かは関係ない

　判例は、大学は「**国公立であると私立であるとを問わず**」、在学する学生を規律する包括的権能を有すると判示しています（昭和女子大事件）。

問題 5 憲法の明文で規定されていない権利・自由に関する次の**ア**〜**エ**の記述のうち、妥当なもののみを全て挙げているものはどれか（争いのあるときは、判例の見解による。）。

裁判所2021

ア 個人の私生活上の自由として、何人もその承諾なしにみだりにその容ぼう・姿態を撮影されない自由を有することから、警察官が正当な理由もないのに個人の容ぼう等を撮影することは、憲法第13条の趣旨に反する。

イ 大学が講演会を主催する際に集めた参加学生の学籍番号、氏名、住所及び電話番号は、個人の内心に関する情報ではなく、大学が個人識別を行うための単純な情報であって、秘匿の必要性が高くはないから、プライバシーに係る情報として法的保護の対象にならない。

ウ 前科は人の名誉、信用に直接関わる事項であり、前科のある者もこれをみだりに公開されないという法的保護に値する利益を有するが、「裁判所に提出するため」との照会理由の記載があれば、市区町村長が弁護士法に基づく照会に応じて前科を報告することは許される。

エ 行政機関が住民基本台帳ネットワークシステムにより住民の本人確認情報を収集、管理又は利用する行為は、当該住民がこれに同意していなくとも、個人に関する情報をみだりに第三者に開示又は公表されない自由を侵害するものではない。

1 ア、イ
2 ア、エ
3 イ、ウ
4 イ、エ
5 ウ、エ

正　解 2

　ウは有名判例に関するものですが、少し細かい部分を絡めていましたので判断に迷ったと思います。**ア**と**イ**は基本知識で判断できるので、これら正誤の組合せから**2**を正解とするのが最も効率的ですね。

ア　○

判例どおりで正しいです（京都府学連デモ事件）。

③

イ　✕　法的保護の対象になる

②

　確かに、判例は、学籍番号、氏名、住所及び電話番号は秘匿されるべき必要性が必ずしも高いとはいえない単純な情報としています。しかし、それでも「**法的保護の対象となる**」としていることに注意しましょう（早稲田大学名簿提出事件）。

ウ　✕　Skip ▶️　照会理由の記載があっても許されない

　判例は、当該事案において、前科照会の理由として「京都地方裁判所に提出するため」と申請書にあったにすぎない場合、市区町村長が前科等のすべてを報告することは、公権力の違法な行使に当たるとしています（前科照会事件）。

> ひとこと　頻出の判例ですが、照会理由の具体的内容についてまで問われたことはあまりありません。本記述を自信をもって判断することは難しかったでしょう。

エ　○

②

判例どおりで正しいです（住基ネット訴訟）。

難易度 B 幸福追求権　　　　　　　　第2章第1節

問題6　プライバシーの権利に関する次の**ア**〜**オ**の記述のうち適当なもののみを全て挙げているものはどれか（争いのあるときは、判例の見解による。）。

裁判所2015

ア　個人の私生活上の自由の一つとして、何人も、その承諾なしにみだりにその容ぼうを撮影されない自由を有するものであるから、警察官が犯罪捜査の必要上写真を撮影するなど正当な理由がある場合であっても、その対象の中に犯人のみならず第三者である個人の容ぼうが含まれることは許されない。

イ　学生の学籍番号、氏名、住所、電話番号のような個人情報についても、プライバシーに係る情報として法的保護の対象となるというべきであるから、学生に無断で外国要人の講演会への参加申込名簿を警察に提出した大学の行為はプライバシーを侵害するものとして不法行為を構成する。

ウ　小説の出版等によるプライバシー侵害行為が明らかに予想され、その侵害行為によって被害者が重大な損失を受けるおそれがあり、かつ、その回復を事後に図るのが不可能ないし著しく困難になると認められるときであっても、小説の出版等の差止めを認めることは憲法21条1項に反し許されない。

エ　前科は、人の名誉、信用に関わる事項であり、前科のある者もこれをみだりに公開されないという法律上の保護に値する利益を有するのであって、市区町村長が、本来選挙資格の調査のために作成保管する犯罪人名簿に記載されている前科をみだりに漏えいしてはならない。

オ　個人の私生活上の自由の一つとして、何人もみだりに指紋の押なつを強制されない自由を有するものというべきであり、国家機関が正当な理由もなく指紋の押なつを強制することは憲法13条の趣旨に反して許されず、これを強制する外国人登録法の規定は違憲である。

1　ア、イ　　　　**2**　イ、エ　　　　**3**　イ、エ、オ
4　ア、ウ、オ　　**5**　ウ、エ、オ

正解　2

　オは第1章で扱った内容ですが、これを✗と判断するのは難しくないはずです。となると**1**と**2**が残り、**ア**が✗（もしくは**エ**が○）と自信を持って解答できれば正解できますね。なお、**ウ**については第3章で学習します。

ア　✗　第三者が含まれても許される　③

　個人の私生活上の自由の一つとして、何人もその承諾なしにみだりにその容ぼう・姿態を撮影されない自由を有しています（京都府学連デモ事件）。しかし、当判例は、要件を満たした場合は警察官による無断撮影を許しつつ、第三者である個人の容ぼう等を含むことになっても13条に違反しないとしています（京都府学連デモ事件）。

イ　○　②

　判例どおりで正しいです（早稲田大学名簿提出事件）。

ウ　✗　Skip▶ 小説の出版等の差止めは許される

　本記述のケースでは、判例は、プライバシー侵害を理由に小説の出版等の差止めを認めています（『石に泳ぐ魚』事件）。

エ　○　②

　判例どおりで正しいです（前科照会事件）。

オ　✗ 💡　指紋押捺制度自体は合憲　第1章第1節 ②

　本記述は最後の結論部分が誤った内容になっています。判例では、**指紋押捺制度は合憲**と判断されています（指紋押捺拒否事件）。

難易度 A 幸福追求権

第2章第1節

問題 7　憲法13条に関する判例についての次の記述のうち最も適当なのはどれか。

裁判所2007

1　プライバシー権について、最高裁判所は、かつては「私生活をみだりに公開されない法的保障ないし権利」と定義していたが、情報化社会の進展により「自己の情報をコントロールする権利」と定義するにいたった。

2　最高裁判所は、輸血を受けることは自己の宗教上の信念に反するとして、輸血を伴う医療行為を拒否するとの意思決定をする権利について、自己決定権に由来する権利として尊重すべきであるとしている。

3　最高裁判所は、個人の前科歴は、人の名誉にかかわる事項ではあるが、公開の法廷において審理され、刑を言い渡されたものであり、公知の事実といえるので、前科歴をみだりに公開されないことについて法律上の保護は与えられないとしている。

4　環境権について、最高裁判所は、健康で快適な生活を維持する条件として良い環境を享受し、これを支配する権利と定義した上、いくつかの公害訴訟において、憲法第13条、第25条を根拠に認めている。

5　最高裁判所は、何人も、その承諾なしに、みだりにその容ぼう、姿態を撮影されない自由を有するとした上で、これを肖像権と称するかどうかは別として、少なくとも警察官が、正当な理由もないのに個人の容ぼう等を撮影することは許されないとしている。

正 解 5

5は有名判例の頻出フレーズをそのまま使っているので、ストレートに○と判断できるようにしましょう。

1 ✕ いずれも最高裁判所による定義ではない　②

「自己の私生活をみだりに公開されない法的保障ないし権利」と定義したのは「宴のあと」事件東京地裁判決です。また、「自己に関する情報をコントロールする権利」と定義しているのは、現在の通説の立場です。プライバシー権について**明確に定義した最高裁の判例はありません**。

2 ✕ 「人格権の一内容」として尊重されるべき　④

判例は、宗教上の信念に反するとして「輸血を伴う医療行為を拒否するとの意思決定をする権利」自体は認めていますが、「人格権の一内容として」と述べているだけで、**自己決定権に由来するとは明言していません**（エホバの証人輸血拒否事件）。

3 ✕ 法律上の保護は与えられる　②

たとえ公に知られた事実であっても、過去の前科歴は当人にとっては他人に知られたくない情報です。そのため、判例も、**個人の前科等をみだりに公開されないことは、法律上の保護に値する利益である**としています（前科照会事件）。

4 ✕ 権利として認定されたことはない　①

これまでの最高裁判所の判断で、環境権を13条もしくは25条などの**憲法条文を根拠に認めたものはありません**（大阪空港訴訟等）。

5 ○　③

判例どおりで正しいです（京都府学連デモ事件）。

問題 8　　憲法第13条に関する**ア〜エ**の記述のうち、判例に照らし、妥当なもののみをすべて挙げているのはどれか。　　　　国家専門職2009

ア　警察官による個人の容ぼう等の写真撮影は、現に犯罪が行われ若しくは行われた後に間がないと認められる場合であって、証拠保全の必要性及び緊急性があり、その撮影が一般的に許容される限度を超えない相当な方法をもって行われるときは、撮影される本人の同意がなく、また裁判官の令状がなくても、憲法第13条及び第35条に違反しない。

イ　航空機の離着陸の騒音により身体的・精神的被害を受けている空港周辺住民は、空港の管理者である国に対して、いわゆる環境権に基づき、一定の時間帯について、当該空港を航空機の離着陸に使用させることの差止めを求める民事訴訟を提起することができる。

ウ　患者が、輸血を受けることは自己の宗教上の信念に反するとして、輸血を伴う医療行為を拒否するとの明確な意思を有している場合であっても、そもそも医療が患者の治療と救命を第一の目的とするものであることにかんがみると、輸血を伴う医療行為を拒否する意思決定をする権利なるものを人格権の一内容と認めることはできず、医師が、手術の際に他に救命手段がない場合には輸血することを告げないまま手術を行い、当該患者に輸血したとしても、不法行為責任を負うことはない。

エ　外国国賓による講演会を主催する大学が参加者を募る際に収集した、参加申込者である学生の学籍番号、氏名、住所及び電話番号に係る情報については、当該学生が、自己が欲しない他者にはみだりにこれを開示されたくないと考えることは自然なことであり、そのことへの期待は保護されるべきであるから、当該学生のプライバシーに係る情報として法的保護の対象となる。

1　ア　　　　**2**　ウ　　　　**3**　ア、エ
4　イ、ウ　　　**5**　イ、エ

正　解　3

　イが難しいですが、これを無視しても**ア**、**ウ**、**エ**の正誤が判定できれば正解
は導き出せます。

ア　○

　判例は、京都府学連デモ事件において本記述と同様のことを述べています。

イ　✕　Skip ▶　民事訴訟を提起することはできない

　判例は、国に対して空港使用の差止めを求める場合、航空行政権に関わるも
のであることから、民事訴訟の形で差止めを求めることはできない、としてい
ます（大阪空港訴訟）。

ウ　✕　💡　人格権の一内容として認められる

　判例は、輸血を伴う医療行為を拒否する意思決定も**人格権の一内容として尊
重されなければならない**、としています（エホバの証人輸血拒否事件）。結論
としても、本記述と同様の事例において、不法行為責任を認めています。

エ　○

　判例は、早稲田大学名簿提出事件において本記述と同様のことを述べていま
す。

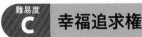

問題 9　　　憲法第13条に関する次の**A〜C**の記述について、判例の見解に基づいた場合の正誤の組合せとして最も適当なのはどれか。　　　裁判所2008

A　前科及び犯罪経歴は、人の名誉、信用に直接にかかわる事項であり、前科等のある者もこれをみだりに公開されないという法律上の保護に値する利益を有するが、弁護士会は、弁護士法に基づき、公務所又は公私の団体に照会して必要な事項の報告を求めることができることとされているから、市区町村長が、弁護士会から特定の人の前科及び犯罪経歴の照会を受け、これらの事項を報告することは、照会の必要性の有無にかかわらず、許容されるものと解すべきである。

B　個人の私生活上の自由として、何人も、その承諾なしに、みだりにその容ぼう・姿態を撮影されない自由を有するというべきであるが、警察官が個人の容ぼう・姿態を撮影することは、現に犯罪が行われ又は行われたのち間がないと認められる場合であって、しかも証拠保全の必要性及び緊急性があり、かつその撮影が一般的に許容される限度を超えない相当な方法をもって行われるときは、撮影される本人の同意や裁判官の令状の有無にかかわらず、許容されるものと解すべきである。

C　大学主催の講演会に参加を申し込んだ学生の氏名・住所等の情報は、プライバシーに係る情報ではあるが、基本的には個人の識別などのための単純な情報にとどまるものであって、思想信条や結社の自由等とは無関係であり、他人に知られたくないと感ずる程度の低いものであるから、当該大学が、講演者の警護に万全を期するため、事前に当該学生の承諾を得ることなく、これらの情報を警察に開示することは、その承諾を求めることが困難であったか否かにかかわらず、許容されるものと解すべきである。

	A	B	C
1	正	正	誤
2	誤	誤	誤
3	正	誤	正
4	誤	正	誤
5	誤	誤	正

正　解 4

　いずれの記述も有名な判例を扱っていますが、文章量が多く、自信を持って正誤の判定をするのは難しい出題の仕方をしていますので、難易度は高い問題といえるでしょう。

A　✕　常に許容されるわけではない

　判例は、**弁護士会からの照会に応じて前科を報告することが許容されない場合がある**ことを認めています（前科照会事件）。したがって、必要性の有無に関係なく、常に許容されることになる本記述の内容は、判例の見解として正しくないことがわかります。

B　○

　判例は、京都府学連デモ事件判決で本記述と同様のことを述べています。

C　✕　常に許容されるわけではない

　判例は、**参加者の名簿を警察に提出した大学側の行為が不法行為となる場合がある**ことを認めています（早稲田大学名簿提出事件）。したがって、承諾の困難性にかかわらず常に許容されることになる本記述の内容は、判例の見解として正しくないことがわかります。

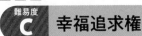

幸福追求権　　　　　　　　　　　　　　　　　　　第2章第1節

問題10　　憲法第13条に関する**ア〜オ**の記述のうち、妥当なもののみを全て挙げているのはどれか。ただし、争いのあるものは判例の見解による。

国家一般職2015

ア　幸福追求権は、人格的生存に必要不可欠な権利・自由を包摂する包括的な権利であり、個別的人権規定との関係では、個別的人権の保障が及ばない場合における補充的な保障機能を果たすものとされている。

イ　速度違反車両の自動撮影を行う自動速度監視装置による運転者の容ぼうの写真撮影は、現に犯罪が行われている場合になされ、犯罪の性質、態様からいって緊急に証拠保全をする必要性があったとしても、その方法が一般的に許容される限度を超えるものであり、憲法第13条に違反する。

ウ　個人の尊重の原理に基づく幸福追求権は、憲法に列挙されていない新しい人権の根拠となる一般的かつ包括的な権利であり、この幸福追求権によって根拠付けられる個々の権利は、裁判上の救済を受けることができる具体的権利である。

エ　前科及び犯罪経歴は人の名誉、信用に直接に関わる事項であり、前科及び犯罪経歴のある者もこれをみだりに公開されないという法律上の保護に値する利益を有する。

オ　刑事施設内において未決勾留により拘禁された者の喫煙を禁止することは、逃走又は罪証隠滅の防止という未決勾留の目的に照らし、必要かつ合理的な制限とはいえず、憲法第13条に違反する。

1　ア、オ
2　イ、オ
3　ア、ウ、エ
4　ア、ウ、オ
5　イ、ウ、エ

正　解　3

　オは、第1章第2節で学習した在監者に関する判例ですが、**✕**と判断できます。さらに、少し細かい判例知識ですが、**イ**が**✕**と判断できれば正解することが可能です。難易度の高い問題といえます。

ア　○　　　　　　　　　　　　　　　　　　　　　　　　　　　　　❶

　幸福追求権は本記述のような性格を持つ権利と一般に考えられています。

イ　✕　憲法13条に違反しない　　　　　　　　　　　　　　　　　❸

　判例は、本問のケースにおいて、京都府学連デモ事件と同じ基準を使って、**自動速度監視装置による無断撮影を13条に違反しないとしています**。

ウ　○　　　　　　　　　　　　　　　　　　　　　　　　　　　　　❶

　通説・判例により正しいです。憲法13条で保障される幸福追求権は、一般的・包括的権利であり、裁判で救済を求めることができる（裁判規範性のある）**具体的権利**と考えられています。実際にも、多数の裁判でこの権利の侵害が争われています。

エ　○　　　　　　　　　　　　　　　　　　　　　　　　　　　　　❷

　判例どおりで正しいです（前科照会事件）。

オ　✕　💡　　必要かつ合理的な制限　　　　　　　　　　　第1章第2節 ❷

　未決勾留者に対する喫煙の禁止は**必要かつ合理的な制限であり、合憲**とされています（喫煙禁止事件）。

問題 11 法の下の平等に関する次の**ア**〜**オ**の記述のうち、妥当なもののみを全て挙げているものはどれか（争いのあるときは、判例の見解による。）。

裁判所2022

ア 男性の定年年齢を60歳、女性の定年年齢を55歳と定める就業規則は、女性であることのみを理由として差別するものであり、性別による不合理な差別である。

イ 父性の推定の重複を避けるために、女性についてのみ再婚禁止期間を100日と定める規定は、憲法第14条第1項に反する。

ウ 我が国が法律婚主義を採った以上、家族という共同体の中における個人の尊重がより明確に認識されてきたとしても、嫡出子と非嫡出子との間に別異の取扱いをするのはやむを得ず、非嫡出子の法定相続分を嫡出子の2分の1とすることは、法律婚の尊重と非嫡出子の保護の調整という合理的根拠を有し、憲法第14条第1項に反しない。

エ 衆議院議員選挙における小選挙区の区割基準のうち一人別枠方式に係る部分は、選挙制度の変更に伴い人口の少ない県における定数が急激かつ大幅に削減されることに配慮した過渡的措置ではあるが、選挙制度が定着した後であっても、憲法の投票価値の平等の要求に反して違憲状態にあったとはいえない。

オ 地方公務員の管理職選考試験の受験において、外国籍の職員の受験を拒否したことは、憲法第14条第1項に反しない。

1 **ア、エ**
2 **ア、オ**
3 **イ、ウ**
4 **イ、オ**
5 **ウ、エ**

正 解 2

エは少し細かい定数不均衡訴訟の判例ですが、他の記述は基本判例からの出題です。確実に正解したい問題といえます。

ア ○　　　　　　　　　　　　　　　　　　　　　　第1章第2節 **3**

判例は日産自動車事件で同趣旨のことを述べています。

ひとこと

> この事件は私人間効力のケースなので、「憲法14条1項に反し無効」ではなく、「**民法90条により無効**」と判断されたことにも注意しておきましょう。

イ ✕ 💡　100日を超える部分が違憲　　　　　　　　　　**2**

判例は、女性の再婚禁止期間の規定について、100日までの部分は合憲とする一方、**100日を超える部分については違憲**としています（女性の再婚禁止期間事件）。

ウ ✕　憲法14条第1項に反する　　　　　　　　　　　　**2**

判例は、非嫡出子の法定相続分を嫡出子の2分の1とすることは、子にとって自ら選択・修正する余地のない事柄を理由とした不合理なものであり、**14条1項に違反する**としています（非嫡出子相続分事件）。

エ ✕ Skip ▶️　違憲状態にあったといえる

判例は、「一人別枠方式」（各都道府県の区域内の選挙区の数について、各都道府県にあらかじめ1を配当する方式）については、憲法の投票価値の平等の要求に反する状態（違憲状態）にあったとしています（平成23年衆議院議員定数不均衡訴訟）。

プラス one 🔍 本判例では、改正に必要な合理的期間は経過していないので、違憲判決は出されていません。

オ ○　　　　　　　　　　　　　　　　　　　　　　第1章第1節 **2**

判例は東京都管理職昇任試験事件で本記述と同様の判断をしています。

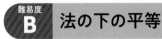

法の下の平等

第2章第2節

問題 12　法の下の平等に関する次の**ア〜ウ**の記述の正誤の組合せとして最も妥当なものはどれか（争いのあるときは、判例の見解による。）。　裁判所2021

ア　被害者が尊属であることを加重要件とする規定を設けること自体は直ちに違憲とはならないが、加重の程度が極端であって、立法目的達成の手段として甚だしく均衡を失し、これを正当化し得る根拠を見出し得ないときは、その差別は著しく不合理なものとして違憲となる。

イ　日本国籍が重要な法的地位であるとともに、父母の婚姻による嫡出子たる身分の取得は子が自らの意思や努力によっては変えられない事柄であることから、こうした事柄により国籍取得に関して区別することに合理的な理由があるか否かについては、慎重な検討が必要である。

ウ　夫婦が婚姻の際に定めるところに従い夫又は妻の氏を称すると定める民法第750条は、氏の選択に関し、夫の氏を選択する夫婦が圧倒的多数を占めている状況に鑑みると、性別に基づく法的な差別的取扱いを定めた規定であるといえる。

	ア	イ	ウ
1	正	正	誤
2	正	誤	正
3	正	誤	誤
4	誤	正	誤
5	誤	正	正

正　解　**1**

　イの判例の違憲という結論は知っていても、**イ**の記述部分の判例知識はない人が多かったと思いますので少し難易度が高い問題です。ただ、**ア**と**ウ**は確実に判定できるはずなので、最低限、**1**か**3**には絞り込めるようにしましょう。

ア ○
　判例は、尊属殺重罰規定事件において、同趣旨のことを述べています。

イ ○
　判例は、本記述の前半の理由を根拠に、その合理性を慎重に検討したうえで、**違憲**とする判断を下しています（国籍法違憲事件）。

ウ ✗　差別的取扱いとはいえない
　判例は、夫婦同氏を規定する民法750条が、氏の選択を夫婦となろうとする者の間の協議に委ねていることを理由に、「性別に基づく法的な差別的取扱いを定めた規定であるとはいえない」としています（夫婦同氏訴訟）。

問題 13 法の下の平等に関する次の**ア～オ**の記述のうち、妥当なもののみを全て挙げているものはどれか（争いのあるときは、判例の見解による。）。

裁判所2019

ア 憲法第14条第1項は、合理的理由のない区別を禁止する趣旨であるから、事柄の性質に即応して合理的と認められる区別は許されるが、憲法第14条第1項後段に列挙された事由による区別は例外なく許されない。

イ 判例は、夫婦が婚姻の際に定めるところに従い夫または妻の氏を称することを定める民法第750条について、同条は、夫婦がいずれの氏を称するかを夫婦となろうとする者の間の協議に委ねており、夫婦同氏制それ自体に男女間の形式的な不平等が存在するわけではないものの、氏の選択に関し、これまでは夫の氏を選択する夫婦が圧倒的多数を占めている状況にあることに鑑みると、社会に男女差別的価値観を助長し続けているものであり、実質的平等の観点から憲法第14条第1項に違反するものとした。

ウ 判例は、衆議院議員の選挙における投票価値の格差の問題について、定数配分又は選挙区割りが憲法の投票価値の平等の要求に反する状態に至っているか否かを検討した上、そのような状態に至っている場合に、憲法上要求される合理的期間内における是正がされず定数配分規定又は区割り規定が憲法の規定に違反するに至っているか否かを検討して判断を行っている。

エ 判例は、男性の定年年齢を60歳、女性の定年年齢を55歳と定める就業規則は、当該会社の企業経営上の観点から、定年年齢において女子を差別しなければならない合理的理由が認められないときは、性別のみによる不合理な差別に当たるとした。

オ 憲法第14条第1項の「社会的身分」とは、自己の意思をもってしては離れることのできない固定した地位というように狭く解されており、高齢であることは「社会的身分」には当たらない。

1 ア、エ　　2 イ、オ　　3 イ、ウ

4 ウ、エ　　5 エ、オ

正　解 4

オは細かい判例知識です。これを無視しても他の記述の正誤判定がきちんとできていれば正解には至れます。他の記述（ア〜エ）は基本的な内容なのでしっかり押さえておきましょう。

ア ✕ 「例外なく許されない」わけではない

前半は正しいですが、後半が誤っています。14条1項後段に列挙された事由による区別についても、**事柄の性質に即応して合理的と認められる差別的取扱いをすることは許される**とするのが判例の立場です。

イ ✕ 憲法に違反しない

判例は、夫婦がいずれの氏を称するかは夫婦間の協議に委ねられており、法による強制があるわけではないことから、**14条1項に違反しない**としています（夫婦同氏訴訟）。

ウ ○

判例の定数不均衡訴訟における判断基準についての説明として、正しい内容になっています。

エ ○

第1章第2節

判例は、日産自動車事件において同趣旨のことを述べています。

オ ✕ Skip▶ 「社会的身分」は継続的な地位をいう

判例は、「社会的身分」を「人が社会において占める継続的な地位」と定義しています。そして、高齢であるということは「社会的身分」に当たらないと判断しました。

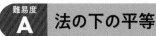

難易度 A　法の下の平等　　　　　　　　　　　　　　第2章第2節

問題 14　　法の下の平等に関する次の**ア**〜**ウ**の記述の正誤の組合せとして最も妥当なものはどれか。　　　　　　　　　　　　　　　　　裁判所2018

ア　判例は、被害者が尊属であることを類型化して刑の加重要件とする規定を設ける差別的取扱いは、その加重の程度を問わず合理的な根拠を欠くものであり憲法第14条第1項に反するとした。

イ　判例は、租税法の分野における所得の性質の違い等を理由とする取扱いの区別は、その立法目的が正当なものであり、かつ、具体的に採用された区別の態様が目的との関連で著しく不合理であることが明らかでない限り、その合理性は否定されないとしている。

ウ　判例は、父母の婚姻により嫡出子たる身分を取得するか否かをもって日本国籍取得の要件に区別を生じさせることについて、国内的、国際的な社会的環境等の変化に照らすと合理的な理由のない差別に至っているとして、憲法第14条第1項に反するとした。

	ア	**イ**	**ウ**
1	正	正	正
2	正	誤	正
3	正	誤	誤
4	誤	正	正
5	誤	正	誤

正解 4

　イは判例の結論自体ではなく、判断の仕方を問うているので、少し難しい出題になっています。ただ、**ア、ウ**は確実に正誤判定できる記述になっていますので、**4**に絞れてしまいます。正解をするのは易しい問題です。

ア ✗ 💡　　　加重の程度が問題になる

②

　判例は、尊属殺の法定刑を死刑又は無期懲役に限っている点において、その立法目的達成のための必要な限度をはるかに超えているから、憲法14条1項に違反して無効であるとしています（尊属殺重罰規定事件）。したがって、**加重の程度が死刑や無期懲役刑ほど重くなければ合憲とされる可能性**はありますので、「その加重の程度を問わず」とはいえません。

イ ○

②

　判例は、サラリーマン税金訴訟で同様の判断をしています。本判例では、租税法分野における取扱いの区別については、区別の態様が著しく不合理であるか否かを判断基準として用いています。

ウ ○

②

　判例は、国籍法違憲事件で同様の判断をしています。

難易度 A　法の下の平等

問題 15　日本国憲法に規定する法の下の平等に関する記述として、最高裁判所の判例に照らして、妥当なのはどれか。　特別区Ⅰ類2018

1　旧所得税法が必要経費の控除について事業所得者等と給与所得者との間に設けた区別は、所得の性質の違い等を理由としており、その立法目的は正当なものであるが、当該立法において採用された給与所得に係る必要経費につき実額控除を排し、代わりに概算控除の制度を設けた区別の態様は著しく不合理であることが明らかなため、憲法に違反して無効であるとした。

2　尊属の殺害は、通常の殺人に比して一般に高度の社会的道義的非難を受けて然るべきであるため、法律上、刑の加重要件とする規定を設けることは、ただちに合理的な根拠を欠くものとすることはできないが、尊属殺の法定刑について死刑又は無期懲役刑のみに限っている点は、その立法目的達成のため必要な限度を遥かに超え、普通殺に関する法定刑に比し著しく不合理な差別的取扱いをするものと認められ、憲法に違反して無効であるとした。

3　法律婚という制度自体は我が国に定着しているとしても、父母が婚姻関係になかったという、子にとっては自ら選択ないし修正する余地のない事柄を理由としてその子に不利益を及ぼすことは許されないが、嫡出子と嫡出でない子の法定相続分を区別することは、立法府の裁量権を考慮すれば、相続が開始した平成13年7月当時において、憲法に違反しないとした。

4　憲法が各地方公共団体の条例制定権を認める以上、地域によって差別を生ずることは当然に予期され、憲法自ら容認するところであると解すべきであるが、その結果生じた各条例相互間の差異が合理的なものと是認せられて始めて合憲と判断すべきであり、売春取締に関する法制は、法律によって全国一律に統一的に規律しなければ、憲法に違反して無効であるとした。

5　選挙人の投票価値の不平等が、国会において通常考慮しうる諸般の要素をしんしゃくしてもなお、一般的に合理性を有するものとはとうてい考えられない程度に達しているときは、国会の合理的裁量の限界を超えているものと推定されるが、最大較差1対4.99にも達した衆議院議員選挙当時の衆議院議員定数配分規定は、憲法上要求される合理的期間内における是正がされなか

ったとはいえず、憲法に違反しないとした。

正 解 **2**

　すべて重要判例からの出題で、特に正解である **2** は判断しやすいので、ストレートに〇と判定できるようにしたい問題です。

1　✗　概算控除は合憲　　2

　判例は、本記述と同様のことが争われた事件において、「著しく不合理であることが明らとはいえず、憲法14条１項に反しない」としています（サラリーマン税金訴訟）。

2　〇　　2

　判例は、尊属殺重罰規定事件において、同趣旨のことを述べています。

3　✗　相続開始時点で憲法違反　　2

　前半は判例どおりで正しいです。しかし、結論部分については、遅くとも**相続が開始した時点で14条１項に違反していた**としています（非嫡出子相続分事件）。

4　✗　地域差があってもよい　　2

　前半は判例どおりで正しいです（売春等取締条例事件）。しかし、本判例は、売春の取締りについて格別に条例を制定する結果、**その取扱いに差別を生ずることがあっても14条１項に反するとはいえない**としています。したがって、結論部分は誤っています。

5　✗ 💡　１対4.99の較差は違憲　　2

　最大較差１対4.99としていることから、昭和51年の衆議院定数不均衡訴訟について問うていると推測されます。本訴訟では、「憲法上要求される合理的期間内における是正がされなかった」と判定され、**違憲**判決が出されています。

問題 16 日本国憲法に規定する法の下の平等に関する記述として、最高裁判所の判例に照らして、妥当なのはどれか。 特別区Ⅰ類2014

1 児童扶養手当は、児童の養育者に対する養育に伴う支出についての保障である児童手当法所定の児童手当と同一の性格を有するものであり、受給者に対する所得保障である点において、障害福祉年金とは性格を異にするため、児童扶養手当と障害福祉年金の併給調整条項は憲法に違反して無効であるとした。

2 旧所得税法が給与所得に係る必要経費につき実額控除を排し、代わりに概算控除の制度を設けた目的は、給与所得者と事業所得者等との租税負担の均衡に配意したものであるが、給与所得者と事業所得者等との区別の態様が正当ではなく、かつ、著しく不合理であることが明らかなため、憲法の規定に違反するとした。

3 会社がその就業規則中に定年年齢を男子60歳、女子55歳と定めた場合において、少なくとも60歳前後までは男女とも通常の職務であれば職務遂行能力に欠けるところはなく、会社の企業経営上定年年齢において女子を差別する合理的理由がないときは、当該就業規則中女子の定年年齢を男子より低く定めた部分は性別のみによる不合理な差別を定めたものとして無効であるとした。

4 憲法が各地方公共団体の条例制定権を認める以上、地域によって差別を生ずることは当然に予期されるが、その結果生じた各条例相互間の差異が合理的なものと是認せられて始めて合憲と判断すべきであり、売春取締に関する法制は、法律によって全国一律に、統一的に規律しなければ憲法に反するとした。

5 信条による差別待遇を禁止する憲法の規定は、国または地方公共団体の統治行動に対する個人の基本的な自由と平等を保障するだけでなく、私人間の関係においても適用されるべきであり、企業者が特定の思想、信条を有する者をそのゆえをもって雇い入れることを拒むことは、当然に違法であるとした。

3がストレートに正解と判断できます。他の記述の内容も正誤判断がしやすく、易しい問題といえます。

1 ✕ Skip▶ 併給調整条項は合憲

判例は、児童扶養手当と障害福祉年金の併給調整条項は憲法に違反するものではないとしています（堀木訴訟）。

> プラスone🔍 堀木訴訟は、第6章第1節で学習する重要判例です。

2 ✕ 合理的区別であり憲法違反ではない

判例は、本肢のような税法上の取扱いの違いについて、**合理的区別であるとして、14条に違反しない**としています（サラリーマン税金訴訟）。

3 ○

第1章第2節 **3**

判例は、日産自動車事件において、同趣旨のことを述べています。

4 ✕ 💡 地域差があってもよい

2

判例は、売春取締条例について、「条例を制定する結果、**その取扱いに差別を生ずることがあっても憲法 14条 1 項に反するとはいえない**」としています（売春等取締条例事件）。「法律によって全国一律に、統一的に規律しなければならない」とはしていません。

5 ✕ 雇い入れを拒んでも違法ではない

第1章第2節 **3**

判例は、**企業者が特定の思想・信条を有する者をそのゆえをもって雇い入れることを拒むことは当然に違法とすることはできない**としています（三菱樹脂事件）。さらに、信条による差別待遇を禁止する憲法の規定（19条・14条 1 項）について、「私人間の関係においても適用されるべき」とはしていません。

> ひとこと
> 判例は間接適用説の立場に立っているので、憲法の規定は、原則として、私人間には直接適用されないことに注意しましょう。

難易度 **A** 思想・良心の自由

問題 17 　思想・良心の自由に関する次の**ア～ウ**の記述の正誤の組合せとして最も妥当なものはどれか（争いのあるときは、判例の見解による。）。

裁判所2019

ア 　憲法第19条が保障する「思想」と「良心」の保障範囲は異なり、思想の自由とは、世界観、人生観、主義、主張などの個人の人格的な内面的精神作用を意味し、良心の自由とは、内心における信仰の自由を意味する。

イ 　思想・良心の自由の保障は、国家権力が、個人の内心の思想に基づいて不利益を課したり、特定の思想を抱くことを禁止することが許されないことのみならず、個人が内心において抱いている思想について、直接又は間接に尋ねることが許されないことをも意味する。

ウ 　単に事態の真相を告白し陳謝の意を表明するに止まる程度の謝罪広告であれば、これを新聞紙に掲載すべきことを命ずる判決は、被告に屈辱的若しくは苦役的労苦を科し、又は被告の有する倫理的な意思、良心の自由を侵害することを要求するものとは解されない。

	ア	イ	ウ
1	誤	正	正
2	正	正	誤
3	誤	誤	正
4	誤	正	誤
5	正	誤	正

正　解　1

　すべて基本知識であり、正解を導き出すのは容易であるといえる問題です。

ア　✗「思想及び良心」は一体

　憲法19条が保障する「思想及び良心」は、**特に区別することなく一体**のものとして理解されています。

イ　○

　思想・良心の自由の保障内容には、**沈黙の自由も含まれています**。この沈黙の自由の保障から、個人が内心において抱いている思想について、直接又は間接に尋ねることが許されないことになります。

ウ　○

　判例は、謝罪広告事件において、同趣旨のことを述べています。

第1編

第3章

精神的自由

A 思想・良心の自由

第3章第1節

問題 18 　思想及び良心の自由に関する**ア～オ**の記述のうち、妥当なもののみを全て挙げているのはどれか。　　　　　　　　　　　国家専門職2020

ア 　思想及び良心の自由の保障は、いかなる内面的精神活動であっても、それが内心の領域にとどまる限りは絶対的に自由であることをも意味している。

イ 　思想及び良心の自由は、思想についての沈黙の自由を含むものであり、国民がいかなる思想を抱いているかについて、国家権力が露顕を強制することは許されない。

ウ 　謝罪広告を強制執行することは、それが単に事態の真相を告白し陳謝の意を表するにとどまる程度のものであっても、当人の人格を無視し著しくその名誉を毀損し意思決定の自由ないし良心の自由を不当に制限することになるため、憲法第19条に違反するとするのが判例である。

エ 　公立中学校の校長が作成する内申書に、生徒が学生運動へ参加した旨やビラ配布などの活動をした旨を記載することは、当該生徒の思想、信条を推知せしめるものであり、当該生徒の思想、信条自体を高校の入学者選抜の資料に供したものと解されるため、憲法第19条に違反するとするのが判例である。

オ 　卒業式における国歌斉唱の際の起立斉唱行為を命ずる公立高校の校長の職務命令は、思想及び良心の自由についての間接的な制約となる面はあるものの、職務命令の目的及び内容並びに制約の態様等を総合的に較量すれば、当該制約を許容し得る程度の必要性及び合理性が認められ、憲法第19条に違反しないとするのが判例である。

1　**イ、ウ**
2　**エ、オ**
3　**ア、イ、エ**
4　**ア、イ、オ**
5　**ウ、エ、オ**

正 解 **4**

ウと**エ**が✖であることが結論だけで判断できます。それにより**4**が正解であると確定できるので、必ず正解したい基本問題といえます。

ア 〇 ①

思想・良心の自由については、それが内心の領域にとどまる限りは絶対的保障であると考えられています。

イ 〇 ①

19条が保障する思想・良心の自由には、沈黙の自由が含まれると考えられています。したがって、国民がいかなる思想を抱いているかについて、国家権力が露顕を強制することは許されません。

ウ ✖ 💡 この程度の謝罪広告の強制は可 ②

判例は、謝罪広告事件において、単に事態の真相を告白し陳謝の意を表明するにとどまる程度の謝罪広告について、これを強制執行したとしても、当人の名誉を毀損し意思決定の自由や良心の自由を不当に侵害するものではない、としたうえで、結論としても19条に違反しないと判断しています。

エ ✖ 思想、信条の資料提供に当たらず ②

判例は、麹町中学内申書事件において、本記述と同様の内申書の記載について、生徒の思想、信条を推知できるものではない、と述べるとともに、思想、信条自体を高校入学者選抜の資料に供したものと解することもできないとしています。結論としても、19条に違反しないと判断しています。

オ 〇 ②

判例は、君が代起立斉唱事件において同趣旨のことを述べています。

問題 19   思想及び良心の自由に関する次の記述のうち、妥当なのはどれか。
ただし、争いのあるものは判例の見解による。   国家一般職2019

1   国家権力が、個人がいかなる思想を抱いているかについて強制的に調査することは、当該調査の結果に基づき、個人に不利益を課すことがなければ、思想及び良心の自由を侵害するものではない。

2   企業が、自己の営業のために労働者を雇用するに当たり、特定の思想、信条を有する者の雇入れを拒むことは許されないから、労働者の採否決定に当たり、その者から在学中における団体加入や学生運動参加の有無について申告を求めることは、公序良俗に反し、許されない。

3   市立小学校の校長が、音楽専科の教諭に対し、入学式における国歌斉唱の際に「君が代」のピアノ伴奏を行うよう命じた職務命令は、そのピアノ伴奏行為は当該教諭が特定の思想を有するということを外部に表明する行為と評価されることから、当該教諭がこれを明確に拒否している場合には、当然に思想及び良心の自由を侵害するものであり、憲法第19条に違反する。

4   特定の学生運動の団体の集会に参加した事実が記載された調査書を、公立中学校が高等学校に入学者選抜の資料として提供することは、当該調査書の記載内容によって受験者本人の思想や信条を知ることができ、当該受験者の思想、信条自体を資料として提供したと解されることから、憲法第19条に違反する。

5   他者の名誉を毀損した者に対して、謝罪広告を新聞紙に掲載すべきことを裁判所が命じることは、その広告の内容が単に事態の真相を告白し陳謝の意を表明するにとどまる程度のものであれば、その者の良心の自由を侵害するものではないから、憲法第19条に違反しない。

正 解 5

　正解の **5** をストレートに○と判断できる問題です。他の記述も基本的な内容なので易しい問題といえます。なお、**2** は第１章第２節で学習した判例です。

1 ✕　不利益がなくても強制的な調査は不可

　思想・良心の自由（19条）の保障には、**沈黙の自由が含まれています**。したがって、国民がいかなる思想を抱いているかについて**国家権力が強制的に調査することは許されません**。

2 ✕　雇入れを拒むことも申告を求めることも許される　第1章第2節 **3**

　企業が特定の思想、信条を有する者の雇用を拒否することは許容されており、採否の決定のために、特定団体の加入や学生運動の参加の有無など**信条に関わる事項についての申告を求めることも違法にはなりません**（三菱樹脂事件）。

3 ✕ 💡　職務命令は適法　**2**

　ピアノの伴奏行為は教諭が特定の思想を有することを外部に表明する行為とは考えられないことから、これを命じる職務命令は、**教諭の思想・良心の自由を侵害せず、19条に違反しません**（君が代ピアノ伴奏命令事件）。

4 ✕　思想、信条の資料提供に当たらず　**2**

　判例は、本肢と同様のケースにおいて、**調査書の記載内容によっては本人の思想や信条は了知できない**として、19条に違反しないとしています（麹町中学内申書事件）。

5 ○　**2**

　判例は、謝罪広告事件で同趣旨のことを述べています。

難易度 A 思想・良心の自由

第3章第1節

問題20 思想・良心の自由に関する次の**ア**〜**ウ**の記述の正誤の組合せとして最も妥当なものはどれか（争いのあるときは、判例の見解による。）。

裁判所2018

ア 日の丸や君が代に対して敬意を表明することには応じ難いと考える者が、これらに対する敬意の表明の要素を含む行為を求められるなど、個人の歴史観ないし世界観に由来する行動と異なる外部的行為を求められる場合、その者の思想及び良心の自由についての間接的な制約が存在する。

イ 税理士会のような強制加入団体は、その会員に実質的には脱退の自由が保障されていないことや様々な思想・信条及び主義・主張を有する者の存在が予定されていることからすると、税理士会が多数決原理により決定した意思に基づいてする活動にもおのずから限界があり、特に、政党など政治資金規正法上の政治団体に対して金員の寄付をするなどの事柄を多数決原理によって団体の意思として決定し、構成員にその協力を義務付けることはできない。

ウ 他人の名誉を毀損した者に対し、民法第723条の「名誉を回復するのに適当な処分」として謝罪広告を新聞紙等に掲載すべきことを命ずることは、単に事態の真相を告白し陳謝の意を表明するにとどまる程度の場合であっても、これを強制することは意思決定の自由ないし良心の自由を不当に制限することになるから、代替執行によりこれを強制することは許されない。

	ア	イ	ウ
1	正	正	正
2	正	正	誤
3	誤	誤	正
4	正	誤	正
5	誤	正	誤

正解　2

いずれの記述も有名な判例を扱っていますが、結論以外の部分についての知識も問われているので、正誤判定に迷うでしょう。なお、**イ**は第1章第1節で学習した判例です。

ア　○

判例は、君が代起立斉唱事件で同趣旨のことを述べ、思想・良心の自由についての**間接的な制約となる面がある**ことを認めています。

> **ひとこと**
> ただ結果としては、制約を許容し得る程度の必要性及び合理性が認められるとして、君が代の起立斉唱を求める職務命令を、19条に違反するとはいえないとしています。

イ　○

第1章第1節

判例は、南九州税理士会事件で同趣旨のことを述べています。

ウ　✕　強制執行（代替執行）も可能

判例は、謝罪広告事件において、謝罪広告を命じる判決につき、単に事態の真相を告白し陳謝の意を表明するにとどまる程度のものにあっては、その**強制執行も代替行為（代替執行）として行うことも可能**としています。

> **ひとこと**
> 謝罪広告を代替執行として行うというのは、裁判所が謝罪広告を掲載し、その費用を名誉毀損をした者に支払わせる方法でもよい、ということです。

信教の自由

問題 21　　日本国憲法に規定する信教の自由又は政教分離の原則に関する記述として、最高裁判所の判例に照らして、妥当なのはどれか。　特別区Ⅰ類2012

1　法令に違反して著しく公共の福祉を害すると明らかに認められる行為をした宗教法人について、宗教法人法の規定に基づいて行われた解散命令は、信者の宗教上の行為の継続に支障を生じさせ、実質的に信者の信教の自由を侵害することとなるので、憲法に違反する。

2　憲法は、内心における信仰の自由のみならず外部的な宗教的行為についてもその自由を絶対的に保障しており、宗教行為としての加持祈禱が、他人の生命、身体等に危害を及ぼす違法な有形力の行使に当たり、その者を死に致したとしても、信教の自由の保障の限界を逸脱したものとまではいえない。

3　信教の自由には、静謐な宗教的環境の下で信仰生活を送るべき法的利益の保障が含まれるので、殉職自衛隊員を、その妻の意思に反して県護国神社に合祀申請した行為は、当該妻の、近親者の追慕、慰霊に関して心の静謐を保持する法的利益を侵害する。

4　県が、神社の挙行した例大祭等に際し、玉串料、献灯料又は供物料をそれぞれ県の公金から支出して神社へ奉納したことは、玉串料等の奉納が慣習化した社会的儀礼にすぎないものであり、一般人に対して県が特定の宗教団体を特別に支援している印象を与えるものではなく、また、特定の宗教への関心を呼び起こすものとはいえないので、憲法の禁止する宗教的活動には当たらない。

5　市が、戦没者遺族会所有の忠魂碑を公費で公有地に移設、再建し、その敷地を同会に無償貸与した行為は、忠魂碑と特定の宗教とのかかわりは希薄であり、同会は宗教的活動を本来の目的とする団体ではなく、市の目的は移設後の敷地を学校用地として利用することを主眼とするものであるから、特定の宗教を援助、助長、促進するとは認められず、憲法の禁止する宗教的活動に当たらない。

正　解　5

　いずれの記述も基本的な判例の知識を問うています。確実に正解したい基本問題といえます。

1　✕　宗教法人の解散命令は憲法に違反しない　

　判例は、オウム真理教宗教法人解散命令事件において、本記述と同様の解散命令を憲法に違反するものではないとしています。解散命令は、法人格を失わせるだけで、**信者の宗教上の行為を禁止するなどの法的効果が認められない**ものだからです。

2　✕　宗教的行為の自由には限界がある　

　外部的な宗教行為は絶対的に保障されるものではありません。したがって、加持祈祷など**宗教的な行為であっても、結果として人を死に至らしめた場合は、信教の自由の保障の限界を逸脱したものとして、罪に問われます**（加持祈祷事件）。

3　✕　信教の自由に含まれる法的利益ではない　

　判例は、自衛官合祀事件において、「静謐な宗教的環境の下で信仰生活を送るべき法的利益」を否定しています。その結果、合祀申請行為についても、当該妻の慰霊に関して心の静謐を保持する法的利益を侵害するものではない、と判断しています。

4　✕　💡　公金での玉串料奉納は憲法の禁止する宗教的活動　

　判例は、愛媛玉串料訴訟において、**玉串料等の奉納は社会的儀礼にすぎないものとはいえず**、一般人に対して県が特定の宗教団体を特別に支援している印象を与えるものと認定した上で、「憲法20条3項の禁止する宗教的活動にあたる」と判断しています。

5　○　

　判例は、箕面忠魂碑訴訟において、本記述と同趣旨のことを述べています。

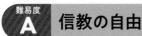
問題22 信教の自由に関する次の記述のうち、判例に照らし、妥当なのはどれか。

国家専門職2018

1 大量殺人を目的とする行為を行った特定の宗教団体に対してされた宗教法人法に基づく解散命令について、当該解散命令の制度は専ら世俗的目的によるものとはいえないものの、解散命令によって当該団体やその信者らの宗教上の行為に支障が生じたとしても、それは解散命令に伴う間接的で事実上のものにすぎず、当該解散命令は憲法第20条第1項に違反しない。

2 市が忠魂碑の存する公有地の代替地を買い受けて当該忠魂碑の移設・再建をした行為は、当該忠魂碑が宗教的施設ではないことなどから、憲法第20条第3項の宗教的活動には当たらない。しかし、当該忠魂碑を維持管理する戦没者遺族会の下部組織である地区遺族会が当該忠魂碑前で神式又は仏式で挙行した慰霊祭に市の教育長が参列した行為は、政教分離原則に違反する。

3 信教の自由の保障が、何人も自己の信仰と相容れない信仰を持つ者の信仰に基づく行為に対して、それが強制や不利益の付与を伴うことにより自己の信教の自由を妨害するものでない限り寛容であることを要請していることは、死去した配偶者の追慕、慰霊等に関する場合においても同様であり、静謐な宗教的環境の下で信仰生活を送るべき利益なるものは、直ちに法的利益として認めることができない。

4 信仰上の真摯な理由に基づき必修科目の実技を拒否したために市立高等専門学校の学生が受けた原級留置処分及び退学処分について、学生は、自らの自由意思により、必修である体育科目の種目として当該実技の授業を採用している学校を選択していることから、当該各処分による不利益を学生に与えることも当然に許容されるといわざるを得ず、当該各処分は社会観念上著しく妥当を欠くものとはいえない。

5 県が特定の神社の挙行した例大祭に際して県の公金から支出して行った玉串料等の奉納は、社会的意味においては神社仏閣を訪れた際に賽銭を投ずることと同様のものであり、世俗的目的で行われた社会的儀礼にすぎないものであるが、一般人に対して特定宗教への関心を呼び起こす効果を及ぼすこと

は否定できず、憲法第20条第3項の宗教的活動に当たる。

正 解　3

　2は基本判例からの出題ですが、やや細かい部分を問うていました。ただ、**3**が○の内容であることは判断しやすく、比較的易しい問題と言えるでしょう。

1　✕　解散命令は専ら世俗的目的　　①

　後半部分は、判例どおりで正しいです（オウム真理教宗教法人解散命令事件）。しかし、本判例では、解散命令の制度を「専ら世俗的目的によるもの」としており、前半が誤っています。

2　✕　政教分離原則に違反しない　　②

　判例は、箕面忠魂碑訴訟において、忠魂碑の移設・再建をした行為および慰霊祭に市の教育長が参列した行為の双方とも、20条3項の宗教的活動には当たらず、政教分離原則には違反しない、としています。

3　○　　①

　判例は、自衛官合祀事件で同趣旨のことを述べています。

4　✕　処分は著しく妥当を欠く　　①

　判例は、エホバの証人剣道拒否事件において、当該各処分は社会観念上著しく妥当を欠き、学校長の裁量権の逸脱に当たるとしています。

5　✕　世俗的目的で行われた社会的儀礼とはいえず　　②

　公金での玉串料奉納は憲法の禁止する宗教的活動であり、結論は判例どおりで正しいです（愛媛玉串料訴訟）。しかし、玉串料の奉納は、起工式の場合（津地鎮祭事件）と異なり、世俗的目的で行われた社会的儀礼にすぎないものとはいえないとしています。

□□□

難易度 A　信教の自由

第3章第2節

問題 23　日本国憲法に規定する信教の自由又は政教分離の原則に関する記述として、最高裁判所の判例に照らして、妥当なのはどれか。　特別区Ⅰ類2017

1　信教の自由の保障は、何人も自己の信仰と相容れない信仰をもつ者の信仰に基づく行為に対して、それが自己の信教の自由を妨害するものでない限り寛容であることを要請しているが、静謐な宗教的環境の下で信仰生活を送るべき利益は法的利益として認められるため、殉職自衛隊員をその配偶者の意思に反して県護国神社に合祀申請した行為は、当該配偶者の法的利益を侵害するとした。

2　市が忠魂碑の存する公有地の代替地を買い受けて当該忠魂碑を移設、再建し、当該忠魂碑を維持管理する戦没者遺族会に対し当該代替地を無償貸与した行為は、当該忠魂碑が宗教的性格のものであり、当該戦没者遺族会が宗教的活動をすることを本来の目的とする団体であることから、特定の宗教を援助、助長、促進するものと認められるため、憲法の禁止する宗教的活動に当たるとした。

3　信仰上の理由による剣道実技の履修を拒否した学生に対し、正当な理由のない履修拒否と区別することなく、また、代替措置について何ら検討することもなく、原級留置処分及び退学処分をした市立高等専門学校の校長の措置は、社会観念上著しく妥当を欠く処分をしたものと評するほかはなく、裁量権の範囲を超える違法なものといわざるを得ないとした。

4　知事の大嘗祭への参列は、天皇の即位に伴う皇室の伝統儀式に際し、天皇に対する社会的儀礼を尽くすことを目的としているが、その効果は特定の宗教に対する援助、助長、促進になり、宗教とのかかわり合いの程度が、我が国の社会的、文化的諸条件に照らし、相当とされる限度を超えるものと認められるため、憲法上の政教分離原則に違反するとした。

5　市が連合町内会に対し、市有地を無償で神社施設の敷地として利用に供している行為は、当該神社施設の性格、無償提供の態様等、諸般の事情を考慮して総合的に判断すべきものであり、市と神社ないし神道とのかかわり合いが、我が国の社会的、文化的諸条件に照らし、相当とされる限度を超えるも

のではなく、憲法の禁止する宗教団体に対する特権の付与に該当しないとした。

正　解　**3**

4は扱っていない判例ですが、他の記述は基本判例からの出題であり、**3**をストレートに〇と確定することも十分可能です。

1 ✕　**法的利益として認められない**　❶

前半部分は、判例どおりで正しいです（自衛官合祀事件）。しかし、本判例は、「静謐な宗教的環境の下で信仰生活を送るべき利益なるものは、これを直ちに法的利益として認めることはできない」としているので、後半は誤っています。

2 ✕　**憲法の禁止する宗教的活動に当たらない**　❷

判例は、箕面忠魂碑訴訟において、戦没者遺族会は宗教団体に該当しないとしたうえで、無償貸与の<u>目的は専ら世俗的なもの</u>と認められ、その<u>効果も、特定の宗教を援助、助長、促進又は他の宗教に圧迫、干渉を加えるものとは認められない</u>から、憲法の禁止する宗教的活動に当たらないとしています。

3 〇　❶

判例は、エホバの証人剣道拒否事件において、同趣旨のことを述べています。

4 ✕　Skip▶　**政教分離原則に違反しない**

判例は、本記述と同様の事例（鹿児島大嘗祭事件）において、知事らが大嘗祭に参列した行為を、天皇に対する社会的儀礼を尽くすものであり、目的効果基準に照らして、相当とされる限度を超えるものとは認められないとしています。

5 ✕ 💡　**市有地の無償提供は違憲**　❷

前半部分は判例どおりで正しいです（空知太神社事件）。しかし結論としては、市と神社ないし神道とのかかわり合いが、相当とされる限度を超えるものとして、<u>憲法の禁止する宗教団体に対する特権の付与に該当する</u>、としています。

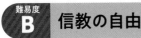

問題 24　信教の自由に関する**ア～オ**の記述のうち、判例に照らし、妥当なもののみを全て挙げているのはどれか。　　　　　　　　　国家専門職2016

ア　裁判所による宗教法人に対する解散命令は、世俗的目的によるものではあるものの、当該宗教法人に属する信者の宗教上の行為を禁止したり、制限したりする効果を伴うものであるから、必要でやむを得ない場合に限り許される。

イ　玉串料等を奉納することは、建築着工の際に行われる起工式の場合と同様に、時代の推移によって既にその宗教的意義が希薄化し、一般人の意識において慣習化した社会的儀礼にすぎないものになっていると評価することができるため、県が靖国神社等に対して玉串料等を公金から支出したことは憲法第20条第3項に違反しない。

ウ　憲法第20条第3項にいう宗教的活動とは、国及びその機関の活動で宗教との関わり合いを持つ全ての行為を指すものではなく、当該行為の目的が宗教的意義を持ち、その効果が宗教に対する援助、助長、促進又は圧迫、干渉等になるような行為をいう。

エ　市立高等専門学校の校長が、信仰上の真摯な理由により剣道実技の履修を拒否した学生に対し、代替措置について何ら検討することもなく、必修である体育科目の修得認定を受けられないことを理由として2年連続して原級留置処分をし、さらに、それを前提として退学処分をしたとしても、これらの処分は、校長の教育的裁量に委ねられるべきものであるため、社会通念上著しく妥当性を欠き、裁量権の範囲を超える違法なものであるということはできない。

オ　知事が大嘗祭に参列した行為は、大嘗祭が皇位継承の際に通常行われてきた皇室の伝統儀式であること、他の参列者と共に参列して拝礼したにとどまること、参列が公職にある者の社会的儀礼として天皇の即位に祝意を表する目的で行われたことなどの事情の下においては、憲法第20条第3項に違反しない。

1　ア、イ
2　ウ、オ
3　エ、オ
4　ア、イ、ウ
5　イ、ウ、オ

正解　2

　ア、オは少し難しいです。ただ、イ、エは結論で✖とわかります。そうすると正解は2に絞れてしまいますので、標準的な問題といえます。

ア　✖　宗教上の行為の禁止・制限効果はない

　「世俗的目的によるもの」としている点や「必要でやむを得ない場合に限り許される」としている点は、判例どおりで正しいです（オウム真理教宗教法人解散命令事件）。しかし、本判例では、「信者の宗教上の行為を法的に制約する効果を伴うものではなく」としていますので、本記述の「信者の宗教上の行為を禁止したり、制限したりする効果を伴うもの」とする部分は誤っています。

イ　✖　玉串料奉納は社会的儀礼とはいえず

　判例は、愛媛玉串料訴訟において、玉串料奉納は、宗教的意義が希薄化した社会的儀礼とはいえず、20条3項に違反するとしています。

ウ　○

　判例は、本記述で述べた基準（目的効果基準）を使って、20条3項の「宗教的活動」に該当するか否かを判断しています（津地鎮祭事件）。

エ　✖　裁量権の範囲を超える違法なものである

　判例は、エホバの証人剣道拒否事件において、校長の原級留置処分及び退学処分は裁量権の範囲を超える違法なものであるとしています。

オ　○ Skip ▶

　判例は、鹿児島大嘗祭事件において、同趣旨のことを述べています。

難易度 B 信教の自由

問題 25 信教の自由に関する次の**ア〜オ**の記述のうち、適当なもののみを全て挙げているものはどれか（争いのあるときは、判例の見解による。）。

裁判所2017

ア 人が神社に参拝する行為自体は、他人の信仰生活等に対して圧迫、干渉を加えるような性質のものではないから、他人が特定の神社に参拝することによって、自己の心情ないし宗教上の感情が害されたとし、不快の念を抱いたとしても、これを被侵害利益として、直ちに損害賠償を求めることはできない。

イ 政教分離規定は、いわゆる制度的保障の規定であって、信教の自由そのものを直接保障するものではなく、国家と宗教との分離を制度として保障することにより、間接的に信教の自由の保障を確保しようとするものである。したがって、宗教が、信仰という個人の内心的な事象としての側面を有するにとどまらず、同時に極めて多方面にわたる外部的な社会事象としての側面を伴うのが常であったとしても、上記の制度的保障を貫徹するために、国家と宗教との完全な分離を実現しなければならない。

ウ 市立高等専門学校の校長が、信仰上の真摯な理由により剣道実技の履修を拒否した学生に対し、必修である体育科目の修得認定を受けられないことを理由として2年連続して原級留置処分をし、さらに、それを前提として退学処分をしたとしても、当該宗教に圧迫、干渉を与える目的を有さず、むしろ、当該学生に対して代替措置を採ることは、憲法上の政教分離原則に違反するおそれがあることから、上記各処分が社会通念上著しく妥当性を欠き、裁量権の範囲を超える違法なものであるとはいえない。

エ 宗教法人法上の解散命令によって、宗教法人が解散すると、その清算手続が行われ、宗教上の行為の用に供していた宗教法人の財産も処分されることになるから、信者らが行っていた宗教上の行為を継続するのに何らかの支障が生ずることはあり得るけれども、その解散命令自体は、信者の宗教上の行為を禁止したり制限したりする法的効果を一切伴うものではないため、信教の自由に対する制限として憲法適合性が問題となる余地はない。

オ　国公有地が無償で宗教的施設の敷地としての用に供されている状態が、信教の自由の保障の確保という制度の根本目的との関係で相当とされる限度を超えて憲法89条に違反するか否かを判断するに当たっては、当該宗教的施設の性格、当該土地が無償で当該施設の敷地としての用に供されるに至った経緯、当該無償提供の態様、これらに対する一般人の評価等、諸般の事情を考慮し、社会通念に照らして総合的に判断すべきものと解するのが相当である。

1　ア、イ
2　イ、ウ
3　ウ、エ
4　ウ、オ
5　ア、オ

　ア、**エ**は少し難しいですが、**イ**、**ウ**を✕と確定することで正解を導くことができます。**イ**、**ウ**とも基本的な知識なので標準レベルの問題です。

ア　〇　Skip ▶️

　判例は、他者の宗教的行為についても寛容であることが求められることを理由に、他者の宗教的行為により自己の宗教的感情が害されたとしても損害賠償を求めることはできない、としています（自衛官合祀事件）。

イ　✕　完全な分離までは不要　②

　前半部分は判例どおりで正しいです（津地鎮祭事件）。しかし、判例は、「**相当とされる程度を超える」ものは禁止される**としており、最後の結論部分は誤っています。

ウ 💡　✕　裁量権の範囲を超える　①

　判例は、代替措置を採ることが政教分離原則に違反するおそれがあるとまではいえず、代替措置を検討することもなく原級留置処分及び退学処分をした学校長の措置は、**社会観念上著しく妥当を欠く処分であり、裁量権の範囲を超える違法なもの**、と判断しています（エホバの証人剣道拒否事件）。

エ　✕　「法的効果が一切ない」とはいえない　①

　判例は、宗教法人への解散命令が**信者の宗教上の行為に何らかの支障が生じる**ことを認めたうえで、それは間接的で事実上のものであって必要やむを得ない法的規制としています。（オウム真理教宗教法人解散命令事件）したがって、「法的効果を一切伴うものではない」とはいえません。また、制限の程度によっては憲法適合性の問題も生じえます。

オ　〇　②

　判例は、空知太神社事件において、同趣旨のことを述べています。

問題 26　　表現の自由に関する次の**ア～オ**の記述のうち、妥当なもののみを全て挙げているものはどれか（争いのあるときは、判例の見解による。）。

裁判所2021

ア　報道機関の取材源は、一般に、それがみだりに開示されると将来にわたる自由で円滑な取材活動が妨げられることになるため、民事訴訟法上、取材源の秘密については職業の秘密に当たり、当該事案における利害の個別的な比較衡量を行うまでもなく証言拒絶が認められる。

イ　新聞の記事が特定の者の名誉ないしプライバシーに重大な影響を及ぼし、その者に対する不法行為が成立する場合には、具体的な成文法がなくても、新聞を発行・販売する者に対し、その記事に対する自己の反論文を無修正かつ無料で掲載することを求めることができる。

ウ　報道機関の報道は国民の知る権利に奉仕するものであるため、報道の自由は、表現の自由を保障した憲法第21条によって保障され、報道のための取材の自由も報道が正しい内容を持つために報道の自由の一環として同条によって直接保障される。

エ　都市の美観・風致の維持を目的として、電柱等へのビラ、ポスター等の貼付を禁止することは、表現の自由に対して許された必要かつ合理的な制限である。

オ　意見、知識、情報の伝達の媒体である新聞紙、図書等の閲読の自由が憲法上保障されるべきことは、表現の自由を保障した憲法第21条の規定の趣旨、目的から、いわばその派生原理として当然に導かれる。

1　ア、イ
2　ア、オ
3　イ、ウ
4　ウ、エ
5　エ、オ

正解 5

アとウを✗と判定することで正解を導き出すのが最も効率的です。ただ、ア
は少し細かい判例知識が求められています。他の記述の正誤判定をしっかりで
きるようにしましょう。

ア ✗ 比較衡量を行って決める

判例は、取材源を秘密にすることが職業上の秘密に該当しただけで証言拒絶
が認められるものではなく、それを前提に、さらに、**個別的な利益衡量の結果**
「保護に値する秘密」とされた場合に証言拒絶が認められる、としています
（NHK記者証言拒否事件）。

イ ✗ 不法行為が成立してもアクセス権が認められるわけではない

判例は、「不法行為が成立する場合は別論として」と述べたうえで、本記述
後半のような**反論文掲載請求は認められない**、と判断しています（サンケイ新
聞事件）。したがって、不法行為が成立する場合は、反論文掲載請求が認めら
れる可能性を残す言い回しを使っていますが、「不法行為が成立する場合には
…求めることができる」と断定できるわけではありません。

ウ ✗ 💡   直接保障されているわけではない

前半部分は、判例どおりで正しいです（博多駅事件）。しかし、本判例では、
「取材の自由については、憲法21条の精神に照らし、十分尊重に値する」と述
べているだけで、**直接保障されるとまではいっていません**。

エ ◯

判例は、大阪市屋外広告物条例事件において、同趣旨のことを述べています。

オ ◯   第1章第2節

判例は、よど号新聞記事抹消事件において、同趣旨のことを述べています。

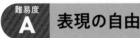
問題 27　日本国憲法に規定する表現の自由に関する記述として、最高裁判所の判例に照らして、妥当なのはどれか。　　　　　　　　特別区Ⅰ類2020

1　筆記行為の自由は、様々な意見、知識、情報に接し、これを摂取することを補助するものとしてなされる限り、憲法の規定の精神に照らして尊重されるべきであり、裁判の公開が制度として保障されていることに伴い、傍聴人は法廷における裁判を見聞することができるのであるから、傍聴人が法廷においてメモを取ることは、その見聞する裁判を認識、記憶するためになされるものである限り、尊重に値し、故なく妨げられてはならないとした。

2　報道の自由は、憲法が保障する表現の自由のうちでも特に重要なものであるから、報道機関の国政に関する取材行為の手段・方法が、取材対象者の個人としての人格の尊厳を著しく蹂躙する等法秩序全体の精神に照らし社会観念上是認することのできない態様のものである場合であっても、一般の刑罰法令に触れないものであれば、正当な取材活動の範囲を逸脱し違法性を帯びるものとはいえないとした。

3　インターネットの個人利用者による表現行為の場合においては、他の表現手段を利用した場合と区別して考えるべきであり、行為者が摘示した事実を真実であると誤信したことについて、確実な資料、根拠に照らして相当の理由があると認められなくても、名誉毀損罪は成立しないものと解するのが相当であるとした。

4　新聞記事に取り上げられた者は、その記事の掲載により名誉ないしプライバシーに重大な影響を及ぼされた場合には、名誉毀損の不法行為が成立しなくても、当該新聞を発行・販売する者に対し、条理又は人格権に基づき、当該記事に対する自己の反論文を無修正かつ無料で掲載することを求めることができるとした。

5　名誉権に基づく出版物の頒布等の事前差止めは、その対象が公職選挙の候補者に対する評価等の表現行為に関するものである場合には、その表現が私人の名誉権に優先する社会的価値を含むため原則として許されないが、その表現内容が真実でないことが明白である場合には、被害者が重大にして著し

く回復困難な損害を被るおそれがなくても、例外的に事前差止めが許される
とした。

正　解 1

3 は少し細かい判例知識が求められていますが、他の記述は基本的な判例
からの出題になっています。

1　○

判例は、レペタ訴訟において同趣旨のことを述べています。

2　✕　社会観念上是認できないような手段・方法は不可

取材行為が、本肢のような態様のものである場合、**正当な取材活動の範囲を
逸脱し違法性を帯びる**とするのが判例（外務省秘密漏洩事件）です。

3　✕　Skip▶　相当の理由が必要

判例は、インターネットの個人利用者による表現行為の場合においては、他
の表現手段を利用した場合と区別して考える必要はなく、免責されるためには、
確実な資料、根拠に照らして相当の理由があると認められることが必要である
としています。

4　✕　反論文掲載請求権は認められず

判例は、不法行為が成立する場合には、反論文の掲載請求が認められる余地
を残すような言い方をしていますが、**不法行為が成立しない場合には、具体的
な成文法がなければ認められない**と明確に判示しています（サンケイ新聞事
件）。

5　✕　💡　「重大にして著しく回復困難な損害」が必要
**「被害者が重大にして著しく回復困難な損害を被るおそれ」がなければ、事
前差止めは認められません。**さらに、表現内容が真実でないこと、または公益
を図る目的がないことが明白な場合であることも、北方ジャーナル事件では求
められています。

問題28 表現の自由に関する次の記述のうち、妥当なのはどれか。

国家一般職2011

1 報道機関の報道は、民主主義社会において、国民が国政に関与するにつき、重要な判断の資料を提供し、国民の知る権利に奉仕するものであり、十分尊重に値するが、事実の報道の自由は表現の自由を規定した憲法第21条第1項の保障の下にあるとまではいえないとするのが判例である。

2 各人が自由に様々な意見、知識、情報に接し、これを摂取する機会を持つことは、個人として自己の思想及び人格を形成、発展させ、社会生活の中にこれを反映させていく上において欠くことのできないものであり、民主主義社会における思想及び情報の自由な伝達、交流の確保という基本的原理を真に実効あるものたらしめるためにも必要であって、このような情報等に接し、これを摂取する自由は、憲法第21条第1項の趣旨、目的から、その派生原理として当然に導かれるとするのが判例である。

3 公立図書館は、住民にとって情報の提供を受けるための公的な場であるとともに閲覧に供された図書の著作者にとって思想、意見等を公衆に伝達するための公的な場でもあるが、当該著作者が享受する利益は、当該図書館がたまたまその書籍を購入して閲覧に供することとしたことにより反射的に生じた事実上の利益にすぎないから、公立図書館の図書館員が閲覧に供されている図書を独断的な評価や個人的な好みで廃棄したとしても、当該著作者の権利利益が侵害されるとはいえないとするのが判例である。

4 憲法第21条第1項は、国又は地方公共団体に対して個人の表現の自由を保障することを目的としたものであるが、私人間において、当事者の一方が情報の収集、管理、処理につき強い影響力を持つ者である場合には、反対の意見を持つ他方の当事者は、同項の規定を類推適用して、自己の意見の発表の場を提供することを求めることができるとするのが判例である。

5 憲法第21条第1項には、積極的に政府等の保有する情報の収集を求めることのできる権利としての知る権利が内包されており、何人も、同項の規定に基づき政府等の保有する情報の開示を求めることができる。

正　解　**2**

　2 の判例自体は基本判例ですが、出題箇所を正確に覚えているのは難しいでしょう。**5** も少し応用的な内容を問うています。

1　✕　報道の自由は21条１項で保障される

　判例は、博多駅事件において、「事実の報道の自由は、表現の自由を規定した憲法21条の保障のもとにある」と述べています。

2　◯　Skip ▶

　判例は、レペタ訴訟において、本記述と同様のことを述べています。

3　✕　独断での廃棄は著作者の権利利益の侵害

　判例は、廃棄された図書の著者に人格的な利益を認め、図書館職員が独断で廃棄した場合には、著者の権利利益の侵害になることを認めています（船橋市図書館事件）。

4　✕　意見発表の場の提供を求めることはできない

　判例は、当事者の一方が新聞社等の情報の収集等につき強い影響力を持つ者である場合であっても、私人間においては、21条１項を適用または類推適用できるものではないとしています（サンケイ新聞事件）。

5　✕　「知る権利」の社会権的側面は抽象的権利

　知る権利には、その社会権的側面として積極的に政府等の保有する情報の収集を求めることのできる権利も含まれていると考えられています。しかし、知る権利の社会権的側面は抽象的権利であり、21条１項の規定に基づき請求することはできず、具体化する法律が必要と考えられています。

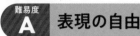 表現の自由 第3章第3節

問題 29 表現の自由に関する次の**ア〜エ**の記述のうち、判例の立場として妥当なもののみを全て挙げているものはどれか。 裁判所2019

ア 裁判所の許可を得ない限り公判廷における取材活動のための写真撮影を行うことができないとすることは、憲法に違反しない。

イ 事実の報道の自由は、国民の知る権利に奉仕するものであるものの、憲法第21条によって保障されるわけではなく、報道のための取材の自由も、憲法第21条とは関係しない。

ウ 美観風致の維持及び公衆に対する危害防止の目的のために、屋外広告物の表示の場所・方法及び屋外広告物を掲出する物件の設置・維持について必要な規制をすることは、それが営利と関係のないものも含めて規制の対象としていたとしても、公共の福祉のため、表現の自由に対して許された必要かつ合理的な制限であるといえる。

エ 人の名誉を害する文書について、裁判所が、被害者からの請求に基づいて当該文書の出版の差止めを命ずることは、憲法第21条第2項の定める「検閲」に該当するが、一定の要件の下において例外的に許容される。

1 ア、イ
2 ア、ウ
3 ア、エ
4 イ、エ
5 ウ、エ

正 解 **2**

　すべての記述が基本的な判例知識を問うています。確実に正解したい易しい問題といえるでしょう。

ア ○　　　　　　　　　　　　　　　　　　　　❶

　判例は、北海タイムス事件で同様の判断をしています。

イ ✕ 💡　　**報道の自由は21条によって保障される**　❶

　判例は、博多駅事件において、**「報道の自由」は21条により保障される**とする一方で、「取材の自由」は、21条の精神に照らし、十分に尊重に値するというにとどめています。

ウ ○　　　　　　　　　　　　　　　　　　　　❷

　判例は、大阪市屋外広告物条例事件において、同様の判断をしています。

エ ✕　**裁判所は「行政権」でないため検閲に該当しない**　❷

　「検閲」とは、行政権が主体として行うものを指します。**裁判所が行う出版の差止めは、「検閲」には該当しません。**

難易度 **A** 表現の自由 第3章第3節

問題30 表現の自由に関する**ア〜オ**の記述のうち、判例に照らし、妥当なもののみを全て挙げているのはどれか。 国家専門職2017

ア 公務員又は公職選挙の候補者に対する評価、批判等を掲載する出版物の頒布等を裁判所が事前に差し止めることは、公務員又は公職選挙の候補者の名誉権を保護する手段として不可欠であるから、原則として許される。

イ 図書の著作者は、自らの著作物を公立図書館に所蔵させる権利を有しており、公立図書館の図書館職員である公務員が、図書の廃棄について、基本的な職務上の義務に反し、著作者や著作物に対する独断的な評価や個人的な好みによって不公正な取扱いをしたときは、当該権利を侵害するものとして違法となる。

ウ 私人の私生活上の行状であっても、その携わる社会的活動の性質及びこれを通じて社会に及ぼす影響力の程度などのいかんによっては、その社会的活動に対する批判ないし評価の一資料として、刑法第230条の2第1項にいう「公共の利害に関する事実」に当たる場合がある。

エ 取材の自由が憲法第21条の精神に照らし尊重に値するとしても、公正な刑事裁判の実現は憲法上の要請である以上、取材の自由は公正な刑事裁判の実現の要請に劣後するため、報道機関の取材活動によって得られたフィルムが刑事裁判の証拠として必要と認められる場合には、当該フィルムに対する裁判所の提出命令が憲法第21条に違反することはない。

オ 現代民主主義社会においては、集会は、国民が様々な意見や情報等に接することにより自己の思想や人格を形成、発展させ、また、相互に意見や情報等を伝達、交流する場として必要であり、さらに、対外的に意見を表明するための有効な手段であるから、憲法第21条第1項の保障する集会の自由は、民主主義社会における重要な基本的人権の一つとして特に尊重されなければならない。

1　ア、イ
2　ア、エ
3　イ、オ
4　ウ、エ
5　ウ、オ

正　解　5

　ア、イ、エが✖であることはわかる記述になっており、正解を導き出すのは容易です。

ア　✖　💡　事前差止めは原則として許されない　❷

　判例は、北方ジャーナル事件において、公務員又は公職選挙の候補者に対する評価、批判等を掲載する出版物の頒布等を<u>裁判所が事前に差し止めることは、原則として許されない</u>としています。

イ　✖　Skip▶︎　公立図書館に所蔵させる権利は著作者にはない

　冒頭の部分を除くと、船橋市図書館事件における判例とほぼ同様のことを述べており、他の部分は正しい内容となっています。

ウ　○　❷

　判例は、月刊ペン事件において、同様のことを述べています。

エ　✖　違反することもあり得る　❶

　取材の自由が公正な刑事裁判の実現の要請に劣後すると決めつけることはせず、<u>諸般の事情を比較衡量することで、どちらが尊重されるかを個別の事件ごとに判断していく</u>のが判例（博多駅事件）の立場です。

オ　○　❸

　判例は、成田新法事件において、同様のことを述べています。

問題 31 表現の自由に関する**ア～オ**の記述のうち、判例に照らし、妥当なもののみを全て挙げているのはどれか。 国家一般職2016

ア 筆記行為の自由は、様々な意見、知識、情報に接し、これを摂取することを補助するものとしてなされる限り、憲法第21条第1項により保障されるものであることから、傍聴人が法廷においてメモを取る自由も、その見聞する裁判を認識、記憶するためになされるものである限り、同項により直接保障される。

イ 放送法の定める訂正放送等の規定は、真実でない事項の放送がされた場合において、放送内容の真実性の保障及び他からの干渉を排除することによる表現の自由の確保の観点から、放送事業者に対し、自律的に訂正放送等を行うことを国民全体に対する公法上の義務として定めたものであって、放送事業者がした真実でない事項の放送により権利の侵害を受けた本人等に対して訂正放送等を求める私法上の請求権を付与する趣旨の規定ではない。

ウ 報道関係者の取材源は、一般に、それがみだりに開示されると、報道関係者と取材源となる者との間の信頼関係が損なわれ、報道機関の業務に深刻な影響を与え、以後その遂行が困難になると解されるため、憲法第21条は、報道関係者に対し、刑事事件において取材源に関する証言を拒絶し得る権利を保障していると解される。

エ 公共的事項に関する表現の自由は、特に重要な憲法上の権利として尊重されなければならないものであることに鑑み、当該表現行為が公共の利害に関する事実に係り、その目的が専ら公益を図るものである場合には、当該事実が真実であることの証明があれば、当該表現行為による不法行為は成立しない。

オ 雑誌その他の出版物の印刷、販売等の仮処分による事前差止めは、表現物の内容の網羅的一般的な審査に基づく事前規制が行政機関によりそれ自体を目的として行われる場合とは異なり、個別的な私人間の紛争について、司法裁判所により、当事者の申請に基づき差止請求権等の私法上の被保全権利の存否、保全の必要性の有無を審理判断して発せられるものであって、憲法第

21条第2項前段にいう「検閲」には当たらない。

1 イ、ウ　　　**2 イ、オ**　　　**3 ア、ウ、エ**
4 ア、エ、オ　　**5 イ、エ、オ**

正　解　**5**

イは細かい判例知識を問うていますが、**ア、ウ、エ**を正しく判定して正解に至りましょう。

ア ✕　直接保障されているわけではない　　**❶**

判例は、筆記行為の自由について、「憲法21条1項の規定の精神に照らして尊重されるべきである」とするにとどめており、メモを取る自由も21条1項によって直接保障される、とはしていません（レペタ訴訟）。

イ ◯ Skip ▶

訂正放送を義務づける放送法の規定は、権利侵害を受けた者に訂正放送等を求める私法上の権利を付与するものではないとするのが判例です。

ウ ✕　刑事事件での証言拒絶権は保障されず　　**❶**

判例は、**刑事事件**においては、報道関係者に取材源についての**証言拒絶権は認められない**、とする判断をしています（石井記者事件）。

エ ◯　　**❷**

本記述のケースは、刑法230条の2に規定する免責要件を満たすので名誉毀損罪は成立しませんが、さらに、判例は、民事上の不法行為についても成立しないとしています。

オ ◯　　**❷**

判例は、北方ジャーナル事件で同趣旨の判断をしています。

表現の自由

問題 32　報道の自由に関する次の**ア〜ウ**の記述の正誤の組合せとして最も適当なものはどれか（争いのあるときは、判例の見解による。）。　　裁判所2017

ア　報道機関の報道は、国民が国政に関与するにつき、重要な判断の資料を提供し、国民の「知る権利」に奉仕するものであるから、事実の報道の自由も憲法21条の保障の下にある。

イ　私人間において、当事者の一方が情報の収集、管理、処理につき強い影響力を持つ日刊新聞紙を全国的に発行・発売する者である場合、新聞に取りあげられた他方の当事者には、不法行為の成否にかかわらず、反論文を無修正かつ無料で新聞紙上に掲載することを請求できる権利が憲法21条1項の規定から直接に生じるというべきである。

ウ　各人がさまざまな意見、知識、情報に接し、これを摂取する自由は、憲法21条1項の趣旨、目的からの派生原理である。筆記行為の自由は、同項の規定の精神に照らして尊重されるべきであり、傍聴人が法廷でメモを取ることは、故なく妨げられてはならない。

	ア	イ	ウ
1	正	正	正
2	正	誤	誤
3	正	誤	正
4	誤	正	正
5	誤	誤	誤

正　解 3

　各記述ともに正誤を判定するのは容易な内容になっています。易しい問題であり、必ず正解したいですね。

ア ○ ①

　判例は、博多駅事件で同様のことを述べています。

イ ✕　憲法の規定から直接生じはしない ①

　判例は、当事者の一方が新聞社等の情報の収集等につき強い影響力を持つ者である場合であっても、私人間においては、21条1項を適用または類推適用できるものではないとしています（サンケイ新聞事件）。したがって、**反論文の掲載を請求できる権利は、21条1項の規定から直接には生じません。**

ウ ○ ①

　判例は、レペタ訴訟において、本記述と同様のことを述べています。

問題 33 日本国憲法に規定する表現の自由に関する記述として、最高裁判所の判例に照らして、妥当なのはどれか。 特別区Ⅰ類2016

1 報道関係者の取材源の秘密は、民事訴訟法に規定する職業の秘密に当たり、民事事件において証人となった報道関係者は、保護に値する秘密についてのみ取材源に係る証言拒絶が認められると解すべきであり、保護に値する秘密であるかどうかは、秘密の公表によって生ずる不利益と証言の拒絶によって犠牲になる真実発見及び裁判の公正との比較衡量により決せられるべきであるとした。

2 夕刊和歌山時事に掲載された記事により名誉が毀損されたとする事件で、刑法は、公然と事実を摘示し、人の名誉を毀損した者を処罰対象とするが、事実の真否を判断し、真実であることの証明があったときは罰しないとするところ、被告人の摘示した事実につき真実である証明がない以上、真実であると誤信したことにつき相当の理由があったとしても名誉毀損の罪責を免れえないとした。

3 著名な小説家が執筆した小説によって、交友関係のあった女性がプライバシーを侵害されたとした事件で、当該小説において問題とされている表現内容は、公共の利害に関する事項であり、侵害行為の対象となった人物の社会的地位や侵害行為の性質に留意することなく、侵害行為の差止めを肯認すべきであり、当該小説の出版等の差止め請求は肯認されるとした。

4 公立図書館の図書館職員が閲覧に供されている図書を著作者の思想や信条を理由とするなど不公正な取扱いによって廃棄することは、当該著作者が著作物によって、その思想、意見等を公衆に伝達する利益を損なうものであるが、当該利益は、当該図書館が住民の閲覧に供したことによって反射的に生じる事実上の利益にすぎず、法的保護に値する人格的利益であるとはいえないとした。

5 電柱などのビラ貼りを全面的に禁止する大阪市屋外広告物条例の合憲性が争われた事件で、当該条例は、都市の美観風致を維持するために必要な規制をしているものであるとしても、ビラの貼付がなんら営利と関係のない純粋

な政治的意見を表示するものである場合、当該規制は公共の福祉のため、表現の自由に対し許された必要かつ合理的な制限であるとはいえないとした。

正解 1

正解である **1** は文章が長く、自信をもって**○**と判断するのは難しいですね。**3** も判断に迷う内容になっているので、少し難しい問題です。

1 **○**

判例は、NHK記者証言拒否事件で、同様の判断をしています。

2 **✕** 💡 真実の証明がなくても免責されることがある

刑法上は免責要件として、真実であることの証明が求められています。しかし、これを常に要求すると、記者は証明に失敗した場合を恐れて報道を躊躇してしまいます。そのため、判例は、真実の証明ができなかった場合でも、**真実であると誤信したことにつき相当な理由があった場合は、罪には問われない**としています（夕刊和歌山時事事件）。

3 **✕** Skip▶ 社会的地位や侵害行為の性質に留意する必要がある

本問と同様のケースで、判例は、侵害行為の対象となった人物の社会的地位や侵害行為の性質に留意しつつ比較衡量をして、差止めをするか否かの判断をすべきとしています（『石に泳ぐ魚』事件）。

4 **✕** 法的保護に値する人格的利益であるとしている

判例は、船橋市図書館事件において、公立図書館において、その著作物が閲覧に供されている**著作者が有する利益は、法的保護に値する人格的利益である**としています。

5 **✕** 必要かつ合理的な制限であるとしている

判例は、非営利的で純粋な政治的意見に関するビラの貼付を規制の対象に含めている場合であっても、**必要かつ合理的な規制**として合憲と判断しています（大阪市屋外広告物条例事件）。

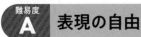

難易度 **A** 表現の自由 第3章第3節

問題34 日本国憲法に規定する表現の自由に関する記述として、最高裁判所の判例に照らして、妥当なのはどれか。 特別区Ⅰ類2012

1 税関において公安又は風俗を害すべき書籍等を検査することは、関税徴収手続の一環として行われ、思想内容等を網羅的に審査し規制することを目的とするものではないが、国民が当該書籍等に接する前に規制がなされ、発表の自由と知る自由が著しく制限されることになるので検閲に当たり、違憲である。

2 取材の自由は、報道の自由の一環として憲法の精神に照らして十分尊重に値するものであり、裁判所による報道機関の取材フィルムに対する提出命令は、取材フィルムが刑事裁判の証拠のために使用される場合であっても、報道機関の将来における取材の自由が必ず妨げられることとなるので、違憲である。

3 人格権としての名誉権に基づく出版物の印刷、製本、販売、頒布等の事前差止めは、その出版物が公職選挙の候補者に対する評価、批判等に関するものである場合には、原則として許されず、その表現内容が真実でないか又は専ら公益を図る目的のものでないことが明白であって、かつ、被害者が重大にして著しく回復困難な損害を被るおそれがあるときに限り、例外的に許される。

4 報道機関が公務員に対し秘密を漏示するようそそのかした行為は、その手段・方法が、取材対象者の人格を蹂躙する等法秩序全体の精神に照らし相当なものとして社会観念上是認することができない態様のものであっても、刑罰法令に触れない限り、実質的に違法性を欠き正当な業務行為である。

5 憲法は、表現の自由を保障するため、新聞記者に対し、その取材源に関する証言を拒絶し得る特別の権利を保障したものと解することができるので、新聞記者の証言が、公の福祉のため最も重大な司法権の公正な発動につき必要欠くべからざるものであっても、新聞記者は、取材源の秘匿を理由に、証言を拒絶できる。

正　解 3

　各記述ともに基本判例からの出題です。**3** が〇であることは容易に判定できるので、易しい問題といえます。

1　✕　税関検査は検閲に当たらない

　判例は、税関検査事件において、**税関検査は「検閲」に当たらない**としています。

2　✕　違憲ではない

　判例は、博多駅事件において、「取材の自由は憲法21条の精神に照らし、十分尊重に値する」としたうえで、結論としては、裁判所による報道機関の取材フィルムに対する提出命令は、憲法に違反しないとしています。また、将来における取材の自由が必ず妨げられるともいえません。

3　〇

　判例は、北方ジャーナル事件において、本記述と同様のことを述べています。

4　✕　正当な業務行為とはいえない

　社会観念上是認できない不相当な手段・方法による取材行為は、たとえ刑罰法令に触れないとしても、**正当な業務行為とはいえない**とするのが判例（外務省秘密漏洩事件）です。

5　✕　証言を拒絶できない

　判例は、石井記者事件において、新聞記者に対し、その取材源に関する証言を拒絶し得る特別の権利を保障したものと解することができず、**新聞記者に証言拒絶権を認めることはできない**としています。

難易度 B　学問の自由

第3章第4節

問題 35　　学問の自由に関する次の**ア〜ウ**の記述の正誤の組合せとして最も妥当なものはどれか（争いのあるときは、判例の見解による。）。　　裁判所2020

ア　教科書検定制度は、教科書の形態における研究結果の発表を著しく制限するから、学問の自由を保障した憲法第23条に反する。

イ　学問の自由には教授の自由が含まれるが、普通教育においては、大学教育と異なり、教師に完全な教授の自由は認められない。

ウ　大学における研究と教育は、大学が国家権力等に干渉されず、組織としての自立性を有することにより全うされるから、大学の自治は、学問の自由と不可分である。

	ア	イ	ウ
1	正	正	誤
2	正	誤	正
3	正	誤	誤
4	誤	正	誤
5	誤	正	正

正　解 5

　アと**イ**の正誤判定は迷うことなくできると思われます。**ウ**について少し不確かな部分が残りますので、**4**か**5**で迷った人もいると思います。

ア　✗　教科書検定は23条に反しない

　判例は、教科書検定について、教科書の形態における発行を制限するだけであり、**学問の自由を保障した23条の規定に違反しない**と判断しています（教科書検定訴訟）。

イ　○

　判例は、旭川学力テスト事件において、同趣旨の判断を示しています。

ウ　○

　通説的にはこのように理解されています。

A 精神的自由権

難易度

第3章第4節

問題 36　精神的自由権に関する次の記述のうち、判例に照らし、妥当なのはどれか。

国家専門職2015

1　宗教上の行為の自由は、信仰の自由と異なり、公共の安全や他の者の基本的な権利及び自由を保護するために必要な制約に服するが、その制約は必要最小限度のものでなければならず、宗教法人の解散を命ずることは、信者の宗教上の行為に重大な支障が生じ、憲法第20条第1項に反し許されない。

2　教授の自由は、大学その他の高等学術研究教育機関においてのみ認められるものであり、初等中等教育機関においては、たとえ一定の範囲であっても、これを認めると教育の機会均等と全国的な教育水準を確保する要請に応えることが難しくなるため、教師の教授の自由は保障されていない。

3　報道の自由は、憲法第21条が保障する表現の自由のうちでも特に重要なものであり、報道のための取材の自由も、同条の精神に照らし、十分尊重に値するものであるが、報道機関が公務員に対し根気強く執ような説得や要請を続けることは、それが真に報道の目的から出たものであっても、正当な取材活動の範囲を逸脱するものとして直ちに違法性を帯びる。

4　人の名誉を毀損する表現にも表現の自由の保障は及ぶが、私人の私生活上の行状については、私人の携わる社会的活動の性質及びこれを通じて社会に及ぼす影響力の程度のいかんにかかわらず、刑法第230条の2第1項に規定する「公共の利害に関する事実」には当たらない。

5　憲法第21条第2項にいう「検閲」とは、行政権が主体となって、思想内容等の表現物を対象とし、その全部又は一部の発表の禁止を目的として、対象とされる一定の表現物につき網羅的一般的に、発表前にその内容を審査した上、不適当と認めるものの発表を禁止することを、その特質として備えるものをいい、検閲の禁止については、公共の福祉を理由とする例外の許容も認められない。

（参考）刑法

（名誉毀損）

第230条　公然と事実を摘示し、人の名誉を毀損した者は、その事実の有無に
　　かかわらず、３年以下の懲役若しくは禁錮又は50万円以下の罰金に処する。
　　（第２項略）

（公共の利害に関する場合の特例）

第230条の２　前条第１項の行為が公共の利害に関する事実に係り、かつ、そ
　　の目的が専ら公益を図ることにあったと認める場合には、事実の真否を判断
　　し、真実であることの証明があったときは、これを罰しない。（第２項以下
　　略）

正 解 **5**

　各記述とも基本的な知識で正誤判定が可能です。また、正解である**5**は確実に**○**と判断したい重要知識を問うています。

1 ✕　解散命令は20条1項に反しない　　　　　　　　　　第2節 **1**

　判例は、オウム真理教宗教法人解散命令事件において、**宗教法人に解散を命じることは、20条1項に反しない**としています。

2 ✕ 💡　　一定範囲で教授の自由は保障されている　　　**2**

　判例は、旭川学力テスト事件において、初等中等教育機関の教師にも、**一定の範囲で教授の自由は保障される**としつつも、完全な教授の自由は認められないとしています。

3 ✕　違法性を帯びないこともある　　　　　　　　　　第3節 **1**

　真に報道の目的から行われた取材行為であり、その手段・方法が法秩序全体の精神に照らして相当なものである場合には、**正当な業務行為として違法ではなくなります**（外務省秘密漏洩事件）。

4 ✕　私人が対象でも該当する場合がある　　　　　　　第3節 **1**

　私人の私生活上の行状であっても、その**社会的影響力の程度によっては、「公共の利害に関する事実」に該当する場合があり**（月刊ペン事件）、それを報道した者は免責される余地が出てきます。

5 ○　　　　　　　　　　　　　　　　　　　　　　　　第3節 **1**

　判例は、税関検査事件において、本記述と同様のことを述べています。

問題 37　日本国憲法に規定する職業選択の自由についての最高裁判所の判例に関する記述として、妥当なのはどれか。 特別区Ⅰ類2022

1　酒税法が酒類販売業について免許制を採用したことは、酒税の適正かつ確実な賦課徴収を図るという国家の財政目的のために、その必要性と合理性があったというべきであるが、社会経済状態にも大きな変動があった今日においては、このような制度をなお維持すべき必要性と合理性があるとはいえず、憲法に違反するとした。

2　京都府風俗案内所の規制に関する条例が、青少年が多く利用する施設又は周辺の環境に特に配慮が必要とされる施設の敷地から一定の範囲内における風俗案内所の営業を禁止し、これを刑罰をもって担保するといった強力な職業の自由の制限措置をとることは、目的と手段の均衡を著しく失するものであって、合理的な裁量の範囲を超え、憲法に違反するとした。

3　薬事法の薬局の開設等の許可における適正配置規制は、実質的には職業選択の自由に対する大きな制約的効果を有するものであり、設置場所の制限が存在しない場合に一部地域において業者間に過当競争が生じ、不良医薬品の供給の危険が発生する可能性があるとすることは、単なる観念上の想定にすぎず、必要かつ合理的な規制とはいえないため、憲法に違反するとした。

4　司法書士及び公共嘱託登記司法書士協会以外の者が、他人の嘱託を受けて、登記に関する手続について代理する業務及び登記申請書類を作成する業務を行うことを禁止し、これに違反した者を処罰することにした司法書士法の規定は、登記制度が国民の社会生活上の利益に重大な影響を及ぼすものであることに鑑み、公共の福祉に合致しない不合理なものとして、憲法に違反するとした。

5　小売商業調整特別措置法が小売市場を許可規制の対象としているのは、国が社会経済の調和的発展を企図するという観点から中小企業保護政策の一方策としてとった措置ということができるが、その規制の手段・態様において、著しく不合理であることが明白であると認められることから、憲法に違反するとした。

正　解　3

　1、2、4、5の各記述は結論だけで✕と判断できるので、3が○と正確に判断できなくても、消去法で容易に正解は導き出せる易しい問題といえます。

1　✕　酒類販売の免許制は合憲

　判例は、酒類販売業免許制度について、**著しく不合理であるとまではいえない**として合憲としています（酒類販売業免許制事件）。

2　✕　Skip ▶︎　営業禁止規制には必要性・合理性あり

　判例は、一定の範囲において風俗案内所の営業を禁止することは、必要性、合理性があり、本件条例は22条1項に違反するものではないとしています（京都府風俗案内所事件）。

> ひとこと
> この判例自体は知らなくても、職業選択の自由の分野では、違憲判決は薬事法違反事件だけしか出ていないことを知っていれば、結論が誤りと判断できるでしょう。

3　○

　判例は、薬事法違反事件において、本記述と同趣旨のことを述べています。

4　✕　規制は公共の福祉に合致しており合理的

　判例は、登記業務を司法書士の独占業務とする司法書士法の規定は、**公共の福祉に合致した合理的なもの**で22条1項に違反しないとしています（司法書士法事件）。

5　✕　💡　著しく不合理であることが明白ではない

　判例は、小売市場の距離制限規制について、中小企業保護政策の一方策としてとった措置であり、その目的において、一応の合理性を認めることができないわけではなく、また、その規制の手段・態様においても、それが**著しく不合理であることが明白であるとは認められない**から、22条1項に違反しないとしています（小売市場事件）。

問題 38 経済的自由に関する次の**ア〜ウ**の記述の正誤の組合せとして最も妥当なものはどれか。

裁判所2018

ア 判例は、司法書士以外の者が、他人の嘱託を受けて、登記に関する手続について代理する業務等を行うことを禁止する司法書士法の規定について、公共の福祉に合致した合理的なもので憲法第22条第1項に反するものではないとしている。

イ 判例は、薬事法による適正配置を理由とする薬局設置の許可制について、許可制の目的が不良医薬品の供給防止という消極的、警察的なものであって重要な公共の利益であるとはいえないことを理由に、憲法第22条第1項に違反するとしている。

ウ 判例は、酒税法による酒類販売業の許可制は、立法府の政策的、技術的な裁量の範囲を逸脱するもので著しく不合理であるとはいえないとして、憲法第22条第1項に反するものではないとしている。

	ア	イ	ウ
1	正	誤	正
2	誤	誤	正
3	誤	誤	誤
4	誤	正	誤
5	正	正	誤

正　解　1

　イは理由部分を問うており少し難しいですが、**ア**と**ウ**が**〇**とわかれば正解できるので標準的なレベルの問題といっていいでしょう。

ア 〇

　判例は、司法書士法事件で本記述と同趣旨のことを述べています。

イ ✕ 「重要な公共の利益」である

　薬事法による適正配置を理由とする薬局設置の許可制は、「不良医薬品の供給防止という目的は、公共の福祉に合致するものであり、かつ、重要な公共の利益ということができる」とするのが判例です。22条1項に違反する、という結論は正しいですが、理由づけが間違っています。

ウ 〇

　判例は、酒類販売業免許制事件で本記述と同趣旨のことを述べています。

問題 39　職業選択の自由に関する**ア〜オ**の記述のうち、判例に照らし、妥当なもののみを全て挙げているのはどれか。　　国家専門職2018

ア　旧薬事法による薬局開設の許可制の採用及び許可条件としての薬局の適正配置規制は、国民の生命及び健康に対する危険の防止という消極的・警察的目的の規制であり、同法の立法目的である不良医薬品の供給の防止等のために必要かつ合理的な規制とはいえないから、憲法第22条第1項に違反する。

イ　公衆浴場法による公衆浴場の適正配置規制は、国民保健及び環境衛生の確保という消極的・警察的目的の規制であり、立法事実に照らして当該目的を達成するための必要かつ合理的な範囲内の手段であるとはいえないから、憲法第22条第1項に違反する。

ウ　酒税法による酒類販売業の免許制は、専ら、零細経営者が多く経済的基盤の弱い酒類販売業者を保護するための積極的・政策的規制と解されるから、当該規制が著しく不合理であることが明白でない限り、憲法第22条第1項に違反しない。

エ　たばこ事業法による製造たばこの小売販売業の許可制は、公共の福祉に適合する目的のために必要かつ合理的な範囲にとどまる措置ということができ、また、同法による製造たばこの小売販売業に対する適正配置規制は、当該目的のために必要かつ合理的な範囲にとどまるものであって、著しく不合理であることが明白であるとは認め難く、憲法第22条第1項に違反しない。

オ　司法書士及び公共嘱託登記司法書士協会以外の者が他人の嘱託を受けて登記に関する手続について代理する業務等を行うことを禁止し、これに違反した者を処罰する司法書士法の規定は、公共の福祉に合致した合理的なものであって、憲法第22条第1項に違反しない。

1 ア、ウ　　**2** ア、オ　　**3** イ、ウ
4 イ、エ　　**5** エ、オ

正 解 5

　エは細かい判例ですが、重要判例を問うている**ア**、**イ**を✗と確定できれば正解を導き出せるので、比較的易しい問題といっていいでしょう。

ア ✗ 💡　「許可制の採用」は合憲

　判例は、薬局開設の許可制の採用自体については、「公共の福祉に適合する目的のための必要かつ合理的措置」であるとしています。あくまでも**違憲と判断されているのは距離制限規定**（許可条件としての薬局の適正配置規制）のほうであることに注意しましょう。

> **ひとこと**　「許可制の採用」の部分を見落としてしまう人が多くいるようです。**許可制を採用すること自体は合憲**と判断されていますので、注意しましょう。

イ ✗　憲法に違反しない

　公衆浴場の適正配置規制については、複数の最高裁判決が出されていますが、違憲判決が出されたことはありません。

ウ ✗　国家の財政目的による規制

　判例は、酒類販売業免許制事件において、酒類販売業を免許制としている目的を「租税の適正かつ確実な賦課徴収を図るという**国家の財政目的のため**」としています。また、「著しく不合理であることが明白でない限り」ではなく、「著しく不合理なものでない限り」というにとどめています。

エ ○　Skip ▶

　判例は、たばこ事業の許可制の合憲性が問題となった事件で、本記述と同様のことを述べています。

オ ○

　判例は、司法書士法事件で本記述と同様のことを述べています。

問題 40 職業選択の自由に関する記述として最も妥当なものはどれか（争いのあるときは、判例の見解による。）。

裁判所2022

1 職業は、人が自己の生計を維持するためにする継続的活動であるから、経済的・社会的性質を有するものであり、個人の人格的発展と密接に関連する性質はもたない。

2 司法書士以外の者が登記に関する手続の代理等の業務を行うことを禁止し、違反すれば処罰するとの規定は、資格制による不当な参入制限であり、公共の福祉に合致しないから、憲法第22条第1項に違反する。

3 公衆浴場法による適正配置規制は、公衆浴場の偏在、濫立によって生ずる国民保健及び環境衛生上の弊害を防止する目的を有するが、公衆浴場業者の廃転業を防止し、安定した経営を確保する積極的、社会経済政策的な目的を持つことはない。

4 職業選択の自由を規制する手段としては、届出制、許可制、資格制、特許制などがあるが、このうち、特許制は、主として国民の生命及び健康に対する危険を防止若しくは除去ないし緩和するために課せられる規制の典型例である。

5 職業は、その選択、すなわち職業の開始、継続、廃止において自由であるばかりでなく、選択した職業の遂行自体、すなわちその職業活動の内容、態様においても、原則として自由であることが要請される。

　5が〇であることは比較的断定しやすいでしょう。**2**は結論だけで✕とわかるはずです。**1**、**3**は、はっきりとはわからなくても断定調から✕と推測できるでしょう。**4**は無視していいです。全体的には難しい問題といえます。

1　✕　Skip▶︎　職業は個人の人格的価値と不可分

　判例は、薬事法違反件において、職業は、各人が自己の持つ個性を全うすべき場として、個人の人格的価値とも不可分の関連を有するとしています。

2　✕　公共の福祉に合致する

　判例は、登記業務を司法書士の独占業務とする司法書士法の規定は、**公共の福祉に合致した合理的なもの**で22条1項に違反しないとしています（司法書士法事件）。

3　✕　政策的目的を持つこともある

　判例は、平成元年3月判決で消極目的と積極目的が**併存している**と認定しています。また、平成元年1月判決では**積極目的である**と認定しています。

4　✕　Skip▶︎　「特許制」ではなく「許可制」が典型例

　主として国民の生命および健康に対する危険を防止もしくは除去ないし緩和するために課せられる規制を消極目的規制と呼びますが、そのために採られる制度は許可制です。特許制とは、国民には本来的に当該事業を自由に行う権利を有していないことを前提として、国が特定人に対して当該事業を特別に許すものです。特許制は、積極目的規制の際に採られる仕組みです。

5　〇

　職業選択の自由には「選択した職業の遂行」の自由、つまり**営業の自由が含まれています**。

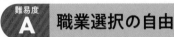

難易度 **A** **職業選択の自由**　　　　　　　　　　　　　　第4章第1節

問題 41　　日本国憲法に規定する職業選択の自由に関する記述として、最高裁判所の判例に照らして、妥当なのはどれか。　　　　　　特別区Ⅰ類2016

1　自家用自動車を有償運送の用に供することを禁止している道路運送法の規定は、自家用自動車の有償運送行為が無免許営業に発展する危険性の多いものとは認められず、公共の福祉の確保のために必要な制限と解することができないため、憲法に違反するとした。

2　小売商業調整特別措置法の小売市場の開設許可規制は、小売商の共倒れから小売商を保護するためにとられた措置であると認められるが、その目的、規制の手段及び態様において著しく不合理であることが明白であり、憲法に違反するとした。

3　薬事法の薬局の適正配置規制は、国民の生命及び健康に対する危険の防止という消極的、警察的目的のための措置ではなく、薬局の経営の保護という社会政策的目的のものであるが、薬局の偏在に伴う過当競争による不良医薬品の供給の危険は、観念上の想定にすぎず、公共の利益のために必要かつ合理的な規制を定めたものということができないから、憲法に違反し、無効であるとした。

4　平成元年の公衆浴場法による公衆浴場の適正配置規制に関する判決では、当該規制は公衆浴場業者が経営の困難から廃業や転業をすることを防止し、国民の保健福祉を維持するという積極的、社会経済政策的な規制目的を有するが、その手段としての必要性と合理性を有していると認められず、憲法に違反し、無効であるとした。

5　法律に別段の定めがある場合を除き、司法書士及び公共嘱託登記司法書士協会以外の者が、他人の嘱託を受けて、登記に関する手続について代理する業務及び登記申請書類を作成する業務を行うことを禁止し、これに違反した者を処罰する司法書士法の規定は、公共の福祉に合致した合理的なもので憲法に違反するものでないとした。

正解 5

　1、**2**、**4**は結論だけで✕と判断でき、**3**も基本判例の重要部分なので判断できるはずです。正解である**5**も基本判例です。

1 ✕ Skip▶ **公共の福祉のために必要な制限**

　判例は、白タク営業事件において、「自家用自動車を有償運送の用に供することを禁止しているのもまた公共の福祉の確保のために必要な制限と解され、同条項は憲法22条1項に違反するものではない」としています。

2 ✕ 著しく不合理であることが明白ではない ①▶

　判例は、小売市場事件において、「規制の手段・態様においても、それが著しく不合理であることが明白であるとは認められない」として憲法に違反しないとしています。

3 ✕ 「消極的、警察的目的のための措置」である ①▶

　前半部分が誤っています。判例は、薬事法の薬局の適正配置規制を「国民の生命及び健康に対する危険の防止という消極的、警察的目的のための措置」としています。なお、後半部分は、正しい内容になっています。

4 ✕ 公衆浴場の適正配置規制は合憲 ①▶

　平成元年の公衆浴場距離制限事件の判決には1月判決と3月判決があります。1月判決では、本記述同様、公衆浴場業者が経営の困難から廃業や転業をすることを防止するといる積極的、社会経済政策的な規制目的としています。一方、3月判決は、積極目的と消極目的が併存した規制であると認定しています。いずれにしても、合憲判決が出ていますので、「憲法に違反し無効である」というのは妥当ではありません。

5 〇 ①▶

　判例は、司法書士法事件において、同様の判断を下しています。

居住移転の自由

問題 42 居住・移転の自由、外国移住・国籍離脱の自由に関する次の**ア～ウ**の記述の正誤の組合せとして最も妥当なものはどれか（争いのあるときは、判例の見解による。）。 裁判所2022

ア 憲法第22条は、我が国に在留する外国人について、外国へ一時旅行する自由を保障している。

イ 憲法第22条第2項は、国籍離脱の自由を保障するが、その自由も他の国籍を有することが前提であり、無国籍になる自由を保障するものではない。

ウ 憲法第22条は、日本人だけでなく、外国人についても入国の自由を保障している。

	ア	イ	ウ
1	誤	正	正
2	誤	誤	誤
3	誤	正	誤
4	正	誤	正
5	正	正	誤

正解 3

　ア、**ウ**は第1章で学習した判例からの出題になっています。**イ**は少し細かい知識ですが、正解するのは十分可能であり、比較的易しい問題といえます。

ア ✕ 外国人が一時旅行する自由は保障されず　　　　　第1章第1節 ❷

　判例は、我が国に在留する外国人は、憲法上、**外国へ一時旅行する自由を保障されていない**としています（森川キャサリーン事件）。

イ 〇　　❷

　国籍離脱の自由は22条2項により保障されています。ただし、**無国籍になる自由は保障されていない**と考えられています。

ウ ✕ 入国の自由は外国人には保障されず　　　　　第1章第1節 ❷

　判例は、憲法上、**外国人は、我が国に入国する自由は保障されていない**としています（マクリーン事件）。

難易度 A 居住移転・職業選択の自由 　　　　　　　　第4章第1節

問題 43　　　憲法第22条に関する**ア～オ**の記述のうち、判例に照らし、妥当なもののみを全て挙げているのはどれか。ただし、**ア～オ**の記述に掲げられた法律の規定には、現行において廃止・改正されているものも含まれている。

国家一般職2014

ア　憲法第22条の保障する居住・移転の自由は、自己の住所又は居所を自由に決定し移動することを内容とするものであり、旅行のような人間の移動の自由は含まれないため、旅行の自由は、国の内外を問わず、同条によってではなく、一般的な自由又は幸福追求権の一部として憲法第13条により保障される。

イ　憲法第22条第1項は日本国内における居住・移転の自由を保障するにとどまり、外国人に入国の自由は保障されないが、同条第2項にいう外国移住の自由はその権利の性質上外国人に限って保障しないという理由はなく、出国の自由は外国人にも保障される。

ウ　職業の許可制は、職業選択の自由そのものに制約を課すもので、職業の自由に対する強力な制限であるから、その合憲性を肯定するためには、原則として、重要な公共の利益のために必要かつ合理的な措置であることを要し、また、それが、自由な職業活動が社会公共に対してもたらす弊害を防止するための消極的、警察的措置ではなく、社会政策ないしは経済政策上の積極的な目的のための措置である場合には、許可制に比べて職業の自由に対するより緩やかな制限である職業活動の内容及び態様に対する規制によっては目的を十分に達成することができないと認められることを要する。

エ　法律に別段の定めがある場合を除き、司法書士及び公共嘱託登記司法書士協会以外の者が、他人の嘱託を受けて、登記に関する手続について代理する業務及び登記申請書類を作成する業務を行うことを禁止し、これに違反した者を処罰する司法書士法の規定は、登記制度が国民の権利義務等社会生活上の利益に重大な影響を及ぼすものであることなどに鑑みたものであり、公共の福祉に合致した合理的な規制を定めたものであって、憲法第22条第1項に違反しない。

オ 薬局及び医薬品の一般販売業（以下「薬局等」という。）の開設に適正配置を要求する薬事法の規定は、不良医薬品の供給による国民の保健に対する危険を完全に防止するためには、薬局等の乱設による過当競争が生じるのを防ぎ、小企業の多い薬局等の経営の保護を図ることが必要であることなどに鑑みたものであり、公共の福祉に合致した合理的な規制を定めたものであって、憲法第22条第1項に違反しない。

1　ア、ウ
2　ア、オ
3　イ、ウ
4　イ、エ
5　エ、オ

　各記述とも重要判例からの出題であり、基本的知識を問うています。易しい問題といえるでしょう。確実に正解する必要があります。

ア　✗　22条により保障される　②

　国内を旅行する自由は22条1項の「**移転の自由**」により、海外に旅行する自由は、22条2項の「**外国に移住する自由**」により保障されています（帆足計事件）。

イ　○　第1章第1節　②

　外国人には、入国の自由は保障されていませんが、出国の自由は保障されています（判例）。

ウ　✗　厳しく審査されるのは消極的、警察的措置　①

　判例は、薬事法違反事件において、「社会政策ないしは経済政策上の積極的な目的のための措置ではなく、消極的、警察的措置の場合には、許可制に比べて職業の自由に対するより緩やかな制限である職業活動の内容及び態様に対する規制によっては目的を十分に達成することができないと認められることを要する」としています。

エ　○　①

　判例は、司法書士法事件において、同趣旨のことを述べています。

オ　✗💡　必要かつ合理的な規制でないため違憲　①

　判例は、薬事法違反事件において、薬事法の規定を22条1項に違反するとしています。

 財産権

第4章第2節

問題 44 財産権に関する次の**ア〜ウ**の記述の正誤の組合せとして最も妥当なものはどれか（争いのあるときは、判例の見解による。）。 裁判所2021

ア 憲法第29条は、私有財産制を制度として保障するのみならず、国民の個々の財産権についても、基本的人権として保障している。

イ 憲法第29条第3項にいう「公共のために用ひる」とは、病院、学校、鉄道、道路等の建設といった、公共事業のために私有財産を用いる場合に限られる。

ウ 憲法第29条第3項にいう「正当な補償」とは、財産が一般市場においてもつ客観的な経済価格が補てんされることを意味するから、当該価格を下回る金額の補てんでは、「正当な補償」とはいえない。

	ア	**イ**	**ウ**
1	正	正	誤
2	誤	正	正
3	誤	誤	正
4	正	誤	誤
5	誤	誤	誤

正　解　4

　基本的な知識で解答でき、必ず正解しなければならない問題でしょう。

ア　〇　①

　29条は私有財産制を制度的に保障するとともに、**国民の個々の財産権をも保障する**とするのが判例です（森林法共有林事件）。

イ　✕　個人が受益者になる場合も含まれる　②

　29条3項の「公共のために用ひる」の意味については、公共事業のための収用等以外に**特定の個人が受益者となる場合**であっても、**収用全体の目的が広く社会公共の利益のためであればよい**とされています。

ウ　✕　「正当な補償」といえる　②

　29条3項の「正当な補償」とは、相当補償、つまりその当時の経済状態において成立することを考えられる価格に基づき、合理的に算出された相当な額をいいます（自作農創設法事件）。したがって、**当該価格を下回る金額の補てんであっても、合理的に算出された相当な額であれば、「正当な補償」といえます**。

問題 45　日本国憲法に規定する財産権に関する**A**～**D**の記述のうち、最高裁判所の判例に照らして、妥当なものを選んだ組合せはどれか。

特別区Ⅰ類2018

A　ため池の破損、決かいの原因となるため池の堤とうの使用行為は、憲法、民法の保障する財産権の行使のらち外にあり、これらの行為を条例によって禁止、処罰しても憲法に抵触せず、条例で定めても違憲ではないが、ため池の堤とうを使用する財産上の権利を有する者は、その財産権の行使をほとんど全面的に禁止されることになるから、これによって生じた損失は、憲法によって正当な補償をしなければならないとした。

B　インサイダー取引の規制を定めた証券取引法は、証券取引市場の公平性、公正性を維持するとともにこれに対する一般投資家の信頼を確保するという目的による規制を定めるものであるところ、その規制目的は正当であり、上場会社等の役員又は主要株主に対し、一定期間内に行われた取引から得た利益の提供請求を認めることは、立法目的達成のための手段として、必要性又は合理性に欠けることが明らかであるとはいえないのであるから、憲法に違反するものではないとした。

C　森林法が共有森林につき持分価額2分の1以下の共有者に民法所定の分割請求権を否定しているのは、森林の細分化を防止することによって森林経営の安定を図るとする森林法の立法目的との関係において、合理性と必要性のいずれをも肯定することができ、この点に関する立法府の判断は、その合理的裁量の範囲内であるというべきであるから、憲法に違反するものではないとした。

D　財産上の犠牲が、公共のために必要な制限によるものとはいえ、単に一般的に当然に受認すべきものとされる制限の範囲をこえ、特別の犠牲を課したものである場合に、法令に損失補償に関する規定がないからといって、あらゆる場合について一切の損失補償を全く否定する趣旨とまでは解されず、直接憲法を根拠にして、補償請求をする余地が全くないわけではないとした。

1　A　B
2　A　C
3　A　D
4　B　C
5　B　D

正　解 5

　Bは少し細かい判例知識になりますが、**A**、**C**、**D**は基本判例からの出題でした。特に、**A**と**C**が✖と確定できれば、正解は **5** に絞ることができるので、基本的な問題といえます。

A　✖　補償は不要　①

　前半部分は正しい内容になっています（奈良県ため池条例事件）。しかし、本判例は**補償は不要である**としているので、後半は誤っています。

B　○　①

　判例は、インサイダー取引規制事件において、本記述と同様のことを述べています。

C　✖ 💡　　合理性も必要性も肯定できず違憲　①

　判例は、森林法共有林事件において、森林法が共有森林につき持分価額２分の１以下の共有者に分割請求権を否定しているのは、立法目的との関係において、**合理性と必要性のいずれをも肯定することができず、29条２項に違反する**、としています。

D　○　②

　判例は、河川附近地制限令事件において、本記述と同趣旨のことを述べています。

難易度 **A** **財産権**

第4章第2節

問題 46 　　　　憲法第29条に関する次の**ア**~**ウ**の記述の正誤の組合せとして最も妥当なものはどれか（争いのあるときは、判例の見解による。）。　　裁判所2018

ア 憲法第29条は、個人の現に有する具体的な財産上の権利のみならず、個人が財産権を享有し得る法制度を保障している。

イ 憲法第29条第3項にいう「公共のために用ひる」とは、病院や道路の建設といった公共事業のための収用を指し、特定個人が受益者となる場合は含まれない。

ウ 判例は、憲法第29条第3項を直接の根拠として補償請求をする余地を否定していない。

	ア	イ	ウ
1	正	正	誤
2	正	誤	正
3	誤	正	正
4	誤	正	誤
5	誤	誤	正

正　解　2

　イは少し細かい知識を問うていますが、**ア**、**ウ**は基本知識からの出題です。かなり易しい問題といえるでしょう。

ア　○

　判例は、森林法共有林事件において、本記述と同趣旨のことを述べています。

イ　✕　特定個人が受益者になる場合も含まれる

　29条３項の「公共のために用ひる」とは、広く社会的公共の利益のために私有財産の収用等を行うことを指し、これが充足されれば**特定個人が受益者となる場合も含まれます**。

ウ　○

　判例は、河川附近地制限令事件において、法令に損失補償に関する規定がなくても、別途、直接29条３項を根拠にして、補償請求をする余地を認めています。

経済的自由

問題 47　経済的自由権に関する**ア〜オ**の記述のうち、判例に照らし、妥当なもののみを全て挙げているのはどれか。　　　　　　　　国家一般職2020

ア　薬局の開設に適正配置を要求する規制は、国民の生命・健康に対する危険の防止という消極目的の規制であり、適正配置規制を行わなければ、薬局等の偏在や乱立により医薬品の調剤供給に好ましからざる影響を及ぼすため、その必要性と合理性は認められるが、その立法目的は、より緩やかな規制手段によっても十分に達成できることから、憲法第22条第1項に違反する。

イ　一般に許可制は、職業の自由に対する強力な制限であるから、その合憲性を肯定し得るためには、原則として、重要な公共の利益のために必要かつ合理的な措置であることを要するところ、租税の適正かつ確実な賦課徴収を図るという国家の財政目的のための職業の許可制による規制については、その必要性と合理性についての立法府の判断が、立法府の政策的、技術的な裁量の範囲を逸脱するもので、著しく不合理なものでない限り、憲法第22条第1項に違反しない。

ウ　憲法第29条が規定する財産権の保障とは、個人が現に有している具体的な財産上の権利の保障を意味するものであって、個人が財産権を享有し得る法制度としての私有財産制を保障するものではない。

エ　財産上の権利につき使用、収益、処分の方法に制約を加えることは、公共の福祉に適合する限り、当然になし得るが、私有財産権の内容に規制を加えるには、法律によらなければならないため、ため池の堤とうに農作物を植える行為等を条例によって禁止することは、憲法第29条第2項に違反する。

オ　憲法第29条第1項は、「財産権は、これを侵してはならない。」と規定しているが、同条第2項は、「財産権の内容は、公共の福祉に適合するやうに、法律でこれを定める。」と規定している。したがって、法律で一旦定められた財産権の内容を事後の法律で変更しても、それが公共の福祉に適合するようにされたものである限り、これをもって違憲の立法ということはできない。

1 ア、イ　　2 ア、ウ　　3 イ、オ

4 ウ、エ　　5 エ、オ

正解 3

　オは難しいものの、それ以外は基本判例からの出題であり、**ア**と**エ**が**✕**と確定できれば正解できるので、標準的な問題です。

ア ✕　必要性・合理性は認められない　　第1節 ①

　「消極目的の規制」としている冒頭部分や「憲法第22条第1項に違反する」とする結論部分は判例に照らし、正しい内容になっています（薬事法違反事件）。しかし、本判例では**必要性と合理性を否定しています**。

イ ○　　第1節 ①

　判例は、酒類販売業免許制事件において、本記述と同趣旨のことを述べています。

ウ ✕　私有財産制も保障する　　①

　判例は、29条が規定する財産権の保障とは、個人が現に有している具体的な財産上の権利の保障だけでなく、個人が財産権を享有し得る**法制度としての私有財産制をも保障する**ものとしています（森林法共有林事件）。

エ ✕　条例による規制も可　　①

　判例は、奈良県ため池条例事件において、ため池の堤とうの使用行為を条例で禁止することは、29条2項に違反しないとしています。

オ ○ Skip ▶️

　自作農創設特別措置法によって買収された農地のうち売り渡しがされず残った農地を旧所有者に戻す場合、旧所有者に売却する価格を当初は買収の対価相当額としていたにもかかわらず、事後に時価の7割に相当する額に変更した事件において、判例は、財産権の内容を事後の法律で変更しても、公共の福祉に適合するものであれば合憲としています。

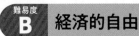 経済的自由

問題 48　　経済的自由権に関する**ア〜オ**の記述のうち、妥当なもののみを全て挙げているのはどれか。　　　　　　　　　　　　　　　　国家専門職2016

ア　財産権に対する規制が憲法第29条第2項にいう公共の福祉に適合するものとして是認されるべきものであるかどうかは、規制の目的、必要性、内容、その規制によって制限される財産権の種類、性質及び制限の程度等を比較考量して判断すべきものであるとするのが判例である。

イ　憲法第29条第3項の「公共のために用ひる」とは、学校、鉄道、道路等の公共事業のために私有財産の収用等を行うことを意味しており、特定の個人が受益者となる場合はこれに当たらないとするのが判例である。

ウ　憲法第22条第2項は、外国に移住する自由を保障しているが、外国へ一時旅行する自由も同項により保障されるとするのが判例である。

エ　憲法第22条第2項は、国籍離脱の自由を認めており、その中には無国籍になる自由も含まれていると一般に解されている。

オ　租税の適正かつ確実な賦課徴収を図るという国家の財政目的のための職業の許可制による規制については、その必要性と合理性についての立法府の判断が政策的、技術的な裁量の範囲を逸脱するもので著しく不合理なものでない限り、これを憲法第22条第1項の規定に違反するものということはできないとするのが判例である。

1　ア、ウ
2　イ、エ
3　エ、オ
4　ア、イ、エ
5　ア、ウ、オ

正 解 5

　イ、**エ**が少し細かい知識を問うています。**ア**と**オ**は**○**と判定できるはずなので、両者を含む**5**が正解と導き出せます。少し難しい問題です。

ア　○　　　①

　判例は、森林法共有林事件において、同様のことを述べています。

イ　✕　特定の個人が受益者となる場合も含まれる　　②

　判例は、29条3項の「公共のために用ひる」の意味について、公共事業のための収用等以外に**特定の個人が受益者となる場合であっても、収用全体の目的が広く社会公共の利益のためであればよい**としています。

ウ　○　　第1節 ②

　判例は、憲法22条2項の「外国に移住する自由」には、外国へ一時旅行する自由を含むとしています（帆足計事件）。

エ　✕　無国籍になる自由は含まれていない　　第1節 ②

　22条2項により国籍離脱の自由は保障されていますが、**無国籍になる自由は含まれない**とするのが通説的立場です。

オ　○　　第1節 ①

　判例は、酒類販売業免許制事件において、同様のことを述べています。

問題 49　法定手続の保障等に関する**ア〜エ**の記述のうち、判例に照らし、妥当なもののみをすべて挙げているのはどれか。　　　　　　国家一般職2009

ア　刑事裁判において、起訴された犯罪事実のほかに、起訴されていない犯罪事実をいわゆる余罪として認定し、実質上これを処罰する趣旨で量刑の資料に考慮し、そのため被告人を重く処罰することは憲法第31条等に反し許されないが、量刑のための一情状として、いわゆる余罪をも考慮することは、必ずしも禁ぜられるところではない。

イ　憲法第31条の定める法定手続の保障は、直接には刑事手続に関するものであるが、財産や自由の剥奪ないし制限といった不利益は、行政処分によって課されることも十分あり得ることにかんがみると、行政手続にも刑事手続と等しく同条による保障が及び、その相手方に対し、事前の告知、弁解、防御の機会を与える必要がある。

ウ　関税法において、同法所定の犯罪に関係のある船舶、貨物等が被告人以外の第三者の所有に属する場合においてもこれを没収する旨規定しながら、その所有者たる第三者に対し、告知、弁解、防御の機会を与えるべきことを定めておらず、また、刑事訴訟法その他の法令においても何らかかる手続に関する規定を設けていないときに、関税法の規定により第三者の所有物を没収することは、憲法第29条及び第31条に違反する。

エ　刑罰法規があいまい不明確のゆえに憲法第31条に違反するかどうかは、通常の判断能力を有する一般人の理解において、具体的場合に当該行為がその適用を受けるかどうかの判断を可能ならしめるような基準が読み取れるかどうかによって決定され、罰則を伴う条例が、集団行進等について抽象的に「交通秩序を維持すること」とのみ定めているにすぎない場合は、その意味を一般人が理解することは困難であり、同条に違反する。

1 イ　　　　　**2** エ　　　　　**3** ア、ウ
4 ア、エ　　　**5** イ、ウ

正　解 　3

アが判断できなくても、**イ**、**エ**が✘であることは十分判別可能と思われます。標準的なレベルの出題といってよいでしょう。

ア　○ Skip ▶️

判例は、本記述と同趣旨のことを述べています。

イ　✘　等しく及ぶわけではない ②

　刑事手続と異なり行政手続の目的は多種多様です。したがって、**行政手続には、刑事手続と全く同じように31条の保障が及ぶわけではありません**。事前の告知、弁解、防御の機会が与えられるか否かは、諸般の事情を比較衡量して決まります（成田新法事件）。

ウ　○ ②

　判例は、第三者所有物没収事件において、同趣旨のことを述べています。

エ　✘💡　一般人が理解することは可能 ②

　前半部分は判例どおりで正しいです（徳島市公安条例事件）。しかし、本判例では、「交通秩序を維持すること」が何を指すかにつき、**通常の判断能力を有する一般人であれば理解可能であり、明確性の原則には反せず、31条には違反しない**としています。

問題 50 刑事手続に関する次の**ア〜オ**の記述のうち、適当なもののみを全て挙げているのはどれか（争いのあるときは、判例の見解による。）。

裁判所2013

ア 憲法37条１項は、迅速な裁判を一般的に保障するために必要な立法上及び司法行政上の措置をとるべきことを要請するにとどまるから、個々の刑事事件について、現実に審理の著しい遅延の結果、迅速な裁判を受ける被告人の権利が害せられたと認められる異常な事態が生じた場合であっても、これに対処すべき具体的規定がなければ、審理を打ち切るなどの救済手段をとることはできない。

イ 憲法38条１項は、自己に不利益な供述を強要されないことを定めているが、刑事手続以外でも、実質上、刑事責任追及のための資料の取得収集に直接結びつく作用を一般的に有する手続であれば、同項の保障が及ぶ。

ウ 指紋・足形の採取、呼気検査などは、憲法38条１項の「供述」に当たらないから、不利益な供述の強要の禁止を定めた同項の保障は及ばない。

エ かつての判例によれば適法であった行為が判例変更によって違法と評価されるようになった場合に、判例変更前になされた行為を処罰することは、憲法39条前段の定める遡及処罰の禁止に反しない。

オ 現行法において定められている絞首刑が憲法36条にいう残虐な刑罰に当たることは否定できないが、火あぶり、はりつけ、さらし首、釜ゆでなどのように歴史上されてきた極めて非人道的かつ残虐な刑罰を禁止することが同条の趣旨であるから、それらと比較して残虐性が軽微な絞首刑は同条の禁止に反するものではない。

1 ア、イ、エ

2 ア、ウ、オ

3 イ、ウ、エ

4 イ、エ、オ

5 ウ、エ、オ

正　解　**3**

　アと**オ**が**✕**であることは容易に判別できますね。そうすると正解は**3**に絞り込めるので、比較的易しい問題といってよいでしょう。ただし、**エ**は39条の遡及処罰の禁止（事後法の禁止）との関係で紛らわしい記述です。

ア　✕　非常救済手段をとることができる

　判例は、高田事件において、具体的規定がなくとも、審理を打ち切るという**非常救済手段がとられるべきことをも認めている趣旨の規定である**としています。

イ　○

　判例は、川崎民商事件において、本記述と同趣旨のことを述べています。

ウ　○ Skip ▶|

　指紋、足形の採取および呼気検査は、38条1項の「供述」には当たらないので、38条1項の保障は及ばないとされています。

エ　○ Skip ▶|

　判例は、行為当時の最高裁判所の判例の示す法解釈に従えば無罪となるべき行為を判例変更により処罰することは、遡及処罰に該当せず、39条に違反するものではないとしています。

オ　✕　絞首刑は残虐な刑罰でない

　判例は、現在の死刑の執行方法である絞首刑について、36条の禁止する**「残虐な刑罰」には当たらない**としています。

問題 51 日本国憲法に規定する人身の自由に関する記述として、判例、通説に照らして、妥当なのはどれか。 特別区Ⅰ類2019

1 憲法の定める法定手続の保障は、手続が法律で定められることだけでなく、その法律で定められた手続が適正でなければならないこと、実体もまた法律で定められなければならないことを意味するが、法律で定められた実体規定も適正でなければならないことまで要求するものではない。

2 何人も、理由を直ちに告げられ、かつ、直ちに弁護人に依頼する権利を与えられなければ、抑留又は拘禁されず、また、何人も、正当な理由がなければ、抑留されず、要求があれば、その理由は、直ちに本人及びその弁護人の出席する公開の法廷で示されなければならない。

3 何人も、その住居、書類及び所持品について、侵入、捜索及び押収を受けることのない権利が保障されており、住居の捜索や所持品の押収については裁判官が発した令状によりこれを行う必要があるので、令状逮捕の場合以外に住居の捜索や所持品の押収を行うことは許されない。

4 最高裁判所の判例では、憲法の迅速な裁判の保障条項は、迅速な裁判を保障するために必要な措置をとるべきことを要請するにとどまらず、審理の著しい遅延の結果、迅速な裁判を受ける被告人の権利が害せられたと認められる異常な事態が生じた場合、これに対処すべき具体的規定がある場合に限りその審理を打ち切る非常救済手段がとられるべきことを認める趣旨の規定であるとした。

5 最高裁判所の判例では、憲法の定める法定手続の保障が、行政手続に及ぶと解すべき場合であっても、一般に行政手続は刑事手続とその性質においておのずから差異があり、また、行政目的に応じて多種多様であるから、行政処分の相手方に事前の告知、弁解、防御の機会を常に必ず与えることを必要とするものではないとした。

正　解　5

　2は難しいのでわからなくても気にする必要はありません。他の記述の正誤判定をしっかりできるようにしておけば十分でしょう。少し難易度の高い問題です。

1 ✗ 💡　　法内容の適正も要求される　　　　　　　　　　　第1節 **2**

　31条の保障内容については、①**手続の法定**、②**手続の適正**、③**実体の法定**、④**実体の適正**が含まれると考えられています。したがって、「法律で定められた実体規定も適正でなければならないこと」まで要求しています。

2 ✗　公開法廷で理由の開示を求められるのは「拘禁」　　　　　**2**

　拘禁のほうが抑留よりも拘束期間が長いものです。したがって、**より長い拘束を伴う「拘禁」のほうだけ、公開法廷での理由開示の手続が保障されています**。

3 ✗　現行犯逮捕や緊急逮捕の場合も許される　　　　　　　　　**2**

　35条は、侵入、捜索、押収の場合の令状主義を定めていますが、例外として「33条の場合」が明記されています。この「33条の場合」には、逮捕令状による逮捕だけでなく**現行犯逮捕の場合、さらに緊急逮捕の場合も解釈上含まれます**。

4 ✗　具体的規定がない場合でも救済できる　　　　　　　　　　**3**

　判例は、高田事件において、**具体的規定がなくとも**、審理を打ち切るという非常救済手段がとられるべきことをも認めている趣旨の規定であるとしています。

5 ◯　　　　　　　　　　　　　　　　　　　　　　　　　　　第1節 **2**

　判例は、成田新法事件において、同趣旨のことを述べています。

生存権

第6章第1節

問題 52 日本国憲法に規定する生存権に関する記述として、妥当なのはどれか。

特別区Ⅰ類2022

1 生存権には、国民各自が自らの手で健康で文化的な最低限度の生活を維持する自由を有し、国家はそれを阻害してはならないという社会権的側面と、国家に対してそのような営みの実現を求める自由権的側面がある。

2 プログラム規定説によれば、生存権実現のための法律の不存在そのものが、生存権という個別具体的な国民の権利を侵害していると主張することが可能であり、立法の不作為自体を訴訟で争うことが可能である。

3 最高裁判所の判例は、一貫して具体的権利説を採用し、すべての国民が健康で文化的な最低限度の生活を営み得るよう国政を運営すべきことを国家の責務とする生存権の規定により直接に、個々の国民は、国家に対して具体的、現実的な権利を有するものであるとしている。

4 最高裁判所の判例では、限られた財源の下で福祉的給付を行う場合であっても、自国民を在留外国人より優先的に扱うことは、許されるべきことではないと解され、障害福祉年金の支給対象者から在留外国人を除外することは、憲法に違反するとした。

5 最高裁判所の判例では、健康で文化的な最低限度の生活の内容について、どのような立法措置を講ずるかの選択決定は、立法府の広い裁量にゆだねられており、それが著しく合理性を欠き明らかに裁量の逸脱濫用と見ざるをえないような場合を除き、裁判所が審査判断するのに適しない事柄であるとした。

正解 5

正解である**5**はストレートに○と判断したい重要判例であり、基本問題といえます。**4**は第1章第1節で学習した判例です。

1 ✕ 「社会権的側面」と「自由権的側面」が逆

前半の「国家はそれを阻害してはならない」というのは**自由権的側面**の説明になっています。一方、「国家に対してそのような営みの実現を求める」というのは**社会権的側面**の説明になっています。

2 ✕ Skip▶ プログラム規定説では立法不作為を争えず

本記述は、プログラム規定説ではなく、具体的権利説と呼ばれる説の説明です。

3 ✕ 💡 具体的権利を持たない

判例は、具体的権利説を採用していません。そして、「憲法25条1項の規定は、…直接個々の国民に対して**具体的権利を付与したものではない**」としています（朝日訴訟）。

4 ✕ 自国民を優先することも許される 第1章第1節 **2**

判例は、塩見訴訟において、**自国民を在留外国人より優先的に扱うことも許される**としています。

5 ○ **2**

判例は、堀木訴訟において、本記述と同様のことを述べています。

生存権

問題 53　生存権に関する次の**ア～ウ**の記述の正誤の組合せとして最も適当なものはどれか（争いのあるときは、判例の見解による。）。　裁判所2016

ア　具体的権利としては、憲法の規定の趣旨を実現するために制定された生活保護法によって、はじめて与えられているというべきであって、憲法25条1項の規定の趣旨を実現するために制定された生活保護法が、生活に困窮する要保護者又は被保護者に対し具体的な権利として賦与した保護受給権も、時の政府の施政方針によって左右されることのない客観的な最低限度の生活水準に基づく適正な保護基準による保護を受け得る権利である。

イ　憲法25条の規定の趣旨にこたえて具体的にどのような立法措置を講ずるかの選択決定は、立法府の広い裁量にゆだねられており、それが著しく合理性を欠き明らかに裁量の逸脱・濫用に該当するか否かの点についても、裁判所が審査判断するのに適しない。

ウ　社会保障上の施策において在留外国人をどのように処遇するかについては、国は、特別の条約の存しない限り、当該外国人の属する国との外交関係、変動する国際情勢、国内の政治・経済・社会的諸事情等に照らしながら、その政治的判断によりこれを決定することができるのであり、その限られた財源の下で福祉的給付を行うに当たり、自国民を在留外国人より優先的に扱うことも、許される。

	ア	イ	ウ
1	正	正	誤
2	正	誤	正
3	正	誤	誤
4	誤	正	誤
5	誤	誤	正

[正　解] 5

アの正誤判定は難しいですが、**イ**が**✕**であることと**ウ**が**◯**であることは確定できるので、**2** と **5** に絞り込むことはできるでしょう。少し難しめの問題です。

ア　✕　「客観的な最低限度の生活水準」は認定できない　②

後半部分の正誤判定をするのは結構難しいです。ただ、朝日訴訟において、「健康で文化的な最低限度の生活なるものは、**抽象的な相対的概念**」と判例が述べていることからすると、「時の政府の施政方針によって左右されることのない客観的な最低限度の生活水準」なるものを認定するのは難しく、本記述は妥当ではないと考えられるでしょう。

イ　✕　裁量権の逸脱・濫用の有無は審査対象　②

立法府の広い裁量に委ねられているので、原則として司法審査の対象とはなりませんが、**著しく合理性を欠き明らかに裁量の逸脱・濫用となる場合には、司法審査の対象となります**（堀木訴訟）。

ウ　◯　第1章第1節 ②

判例は、塩見訴訟において、本記述と同様のことを述べています。

問題 54　日本国憲法に規定する学問の自由又は教育を受ける権利に関するA〜Dの記述のうち、最高裁判所の判例に照らして、妥当なものを選んだ組合せはどれか。

特別区Ⅰ類2021

A　学生の集会は、大学の許可したものであっても真に学問的な研究又はその結果の発表のためのものでなく、実社会の政治的社会的活動に当たる行為をする場合には、大学の有する特別の学問の自由と自治は享有しないといわなければならないとした。

B　憲法における学問の自由の保障が、学問研究の自由ばかりでなく、教授の自由をも含み、教授の自由は、教育の本質上、高等教育のみならず、普通教育におけるそれにも及ぶと解すべきであるから、学校において現実に子どもの教育の任に当たる教師は、完全な教授の自由を有し、公権力による支配、介入を受けないで自由に子どもの教育内容を決定することができるとした。

C　高等学校学習指導要領が法規としての性質を有すると解することは、憲法に違反するものであり、学習指導要領から逸脱する授業をしたことを理由とする県立高等学校教諭に対する懲戒免職処分は、社会観念上著しく妥当を欠き、懲戒権者の裁量権の範囲を逸脱したものであるとした。

D　憲法の義務教育は無償とするとの規定は、授業料のほかに、教科書、学用品その他教育に必要な一切の費用まで無償としなければならないことを定めたものと解することはできず、国が保護者の教科書等の費用の負担についても、これをできるだけ軽減するよう配慮、努力することは望ましいところであるが、それは、国の財政等の事情を考慮して立法政策の問題として解決すべき事柄であるとした。

1　A　B
2　A　C
3　A　D
4　B　C
5　B　D

正　解　3

　各記述とも基本判例からの出題であり、確実に正誤判定したい記述になっています。易しい問題といってよいでしょう。

A ○

第3章第4節

　判例は、東大ポポロ事件において同様のことを述べています。

> ひとこと　第3章第4節で学習した判例です。

B ✕ 💡　　完全な教授の自由は有していない

　判例は、旭川学力テスト事件において、**普通教育における教師の完全な教授の自由を否定しています**。また、「公権力による支配、介入を受けないで自由に子どもの教育内容を決定すること」も認めていません。

C ✕　学習指導要領は法規性あり

　判例は、伝習館高校事件において、高等学校学習指導要領は**法規としての性質を有し**、学習指導要領から逸脱した授業をしたことを理由とする懲戒免職処分は、裁量権の範囲を逸脱したものとはいえない、としています。

D ○

　判例は、26条2項後段の「義務教育の無償」とは、授業料の無償を定めたものであり、**教科書、学用品その他の費用の無償を意味するものではない**としています。したがって、教科書費等を無償にするか否かは、立法政策の問題になります。

難易度 **A** 教育を受ける権利　　　　　第6章第2節

問題 55　学問の自由及び教育を受ける権利に関するア〜オの記述のうち、判例に照らし、妥当なもののみを全て挙げているのはどれか。　国家一般職2016

ア　憲法第23条の学問の自由は、学問的研究の自由とその研究結果の発表の自由を含み、学問の自由の保障は全ての国民に対してそれらの自由を保障するとともに、大学が学術の中心として真理探究を本質とすることから、特に大学におけるそれらの自由を保障することを趣旨とする。

イ　大学における学生の集会について、大学の許可した学内集会は、真に学問的な研究とその結果の発表のためのものでなくても、実社会の政治的社会的活動に当たる行為をする場合には、大学の有する特別の学問の自由と自治を享有する。

ウ　普通教育における学問の自由については、教師が公権力によって特定の意見のみを教授することを強制されない必要があることから、大学教育と同様、普通教育における教師にも完全な教授の自由が認められる。

エ　憲法第26条の規定の背後には、国民各自が、成長し、発達し、自己の人格を完成、実現するために必要な学習をする固有の権利を有すること、特に、自ら学習することのできない子供は、その学習要求を充足するための教育を自己に施すことを大人一般に対して要求する権利を有するとの観念が存在すると考えられる。

オ　憲法は、子女の保護者に対して普通教育を受けさせる義務を定めていることから、憲法の義務教育を無償とする規定は、教育の対価たる授業料及び教科書その他教育に必要な費用を無償としなければならないことを定めたものと解すべきである。

1　ア、イ
2　ア、エ
3　イ、オ
4　ウ、エ
5　ウ、オ

正　解　2

　各記述とも基本知識を問うています。特に、**イ**、**ウ**が**✕**というのは確実に判定できるので、正解を導き出すのはかなり容易です。確実に正解しなければならない簡単な問題です。

ア　〇
第3章第4節 2

　判例は、東大ポポロ事件で本記述と同趣旨のことを述べています。

イ　✕　政治的社会的活動をする場合は対象外
第3章第4節 2

　大学の学内団体が実社会の政治的社会的活動に当たる行為をする場合には、それが大学構内で行われる場合であっても、一般の団体が市中で行う活動と同じように扱われ、**大学の有する特別の自由と自治は享有されません**。

ウ　✕　完全な教授の自由は認められない
1

　判例は、旭川学力テスト事件において、普通教育における教師にも一定の範囲における教授の自由は認められるが、**完全な教授の自由は認められない**としています。

エ　〇
1

　判例は、旭川学力テスト事件において本記述のように述べて、子どもの学習権を認めています。

オ　✕　教科書、学用品、給食費などは対象外
2

　判例は、26条2項後段の「義務教育の無償」は、**授業料不徴収**の意味と考えています。

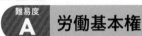

難易度 **A** 労働基本権　　　　　　　　　　　　　　　第6章第3節

問題 56　労働基本権に関する**ア**〜**オ**の記述のうち、妥当なもののみを全て挙げているのはどれか。　　　　　　　　　　　　　　　　　　国家専門職2014

ア　憲法第28条が保障する労働基本権は、使用者対労働者という関係において、労働者の権利を保護する目的も有しており、同条は、国家との関係においてのみならず、私人間の関係にも直接適用される。

イ　憲法第28条は「勤労者の団結する権利及び団体交渉その他の団体行動をする権利は、これを保障する。」として、勤労者に、団結権、団体交渉権、団体行動権（争議権）を保障しており、これらの権利は労働三権と呼ばれる。

ウ　憲法第28条による労働者の団結権保障の効果として、労働組合は、その目的を達成するために必要かつ合理的な範囲内において、その組合員に対する統制権を有するが、労働組合が、地方議会議員の選挙に当たり、組合が決めた統一候補以外の組合員で立候補しようとする者に対し、立候補を思いとどまるよう、勧告又は説得をすることは、当該組合員の立候補の自由を侵害するため許されないとするのが判例である。

エ　憲法は労働者の団体が適正な労働条件の実現を図るために団体行動をする権利を認めているが、その団体行動が使用者に損害を与えるに至った場合は、それが労働組合の正当な争議行為によるものであったとしても、当該使用者は、当該労働組合に対してその損害の賠償を請求することができる。

オ　いわゆる安保反対闘争のような活動は、直接的には国の安全や外交等の国民的関心事に関する政策上の問題を対象とする活動であるが、究極的には何らかの意味において労働者の生活利益の維持向上と無縁ではないのであるから、労働組合の多数決によって決定された同活動実施のための臨時組合費の徴収については、組合員はこれを納付する義務を負うとするのが判例である。

1　ア、イ　　　　2　ア、ウ　　　　3　ア、イ、エ
4　イ、ウ、オ　　5　ウ、エ、オ

各記述ともに基本知識からの出題であり、易しい問題といえます。

ア　〇

労働基本権を保障する28条は、**私人間にも直接適用される規定**と考えられています。

イ　〇

28条の労働基本権は、本記述にある３つの権利を保障しています。

ウ　✕ 💡　　　勧告・説得までは許される

判例は、三井美唄事件において、**統制違反者として処分することは許されないが、勧告・説得をすることは許される**としています。

エ　✕　正当な争議行為は民事免責される

正当な争議行為であれば、使用者は労働組合に対して損害賠償請求をすることはできません（**民事免責**）。

オ　✕　納付する義務を負わない

判例は、国労広島地本事件において、**安保反対闘争の資金のための臨時組合費の強制徴収は許されない**としています。

ひとこと
安保反対闘争に参加して不利益な処分を受けた**組合員を救援する資金のための臨時組合費の強制徴収については、許される**としていますので注意しましょう。

問題 57 社会権に関する**ア～オ**の記述のうち、判例に照らし、妥当なもののみを全て挙げているのはどれか。 国家専門職2021

ア 憲法第25条第1項は、全ての国民が健康で文化的な最低限度の生活を営み得るように国政を運営すべきことを国の責務として宣言したにとどまるため、この規定の趣旨に応えてどのような立法措置を講ずるかの選択決定は立法府の広い裁量に委ねられているから、立法府の判断が著しく合理性を欠き明らかに裁量の逸脱・濫用となる場合であっても、司法審査は及ばない。

イ 憲法第26条第1項は全ての国民に教育を受ける権利を保障しているところ、その教育内容について、国は必要かつ相当と認められる範囲においてのみ決定する権能を有するにすぎないため、国が定める学習指導要領は法規としての性質を有しない。

ウ 憲法第28条の労働基本権の保障の狙いは、憲法第25条に定める生存権の保障を基本理念とし、経済上劣位に立つ勤労者に対して実質的な自由と平等とを確保するための手段として、その団結権、団体交渉権、争議権等を保障しようとするものである。また、労働基本権は、単に私企業の労働者だけについて保障されるのではなく、国家公務員や地方公務員も、憲法第28条にいう勤労者にほかならない以上、原則的にその保障を受ける。

エ 労働組合が組合員に対して有する統制権は、当該組合の目的を達成するために必要であり、かつ合理的な範囲内である場合に限って認められるところ、労働組合が実施した政治的活動に参加して不利益処分を受けた組合員を救済する費用として徴収する臨時組合費については、労働組合の統制権の合理的な範囲を超えた強制に当たり、組合員はこれを納付する義務を負わない。

オ 争議権の保障は、市民法上の権利・自由との衝突を必然的に伴うものであるが、その目的は使用者と労働者との間に実質的な対等を実現することにあるから、労働組合が使用者側の自由意思を抑圧し、財産に対する支配を阻止するような手段を用いて争議行為を行った場合であっても、労働者が不当な目的で争議行為を行ったなどの特段の事情のない限り、正当な争議行為として認められる。

1 ウ　　　　　2 ア、イ　　　　3 ウ、エ

4 ア、イ、オ　　5 ウ、エ、オ

正解 1

　ウとオは難しいものの、ア、イ、エを✖と判断できれば正解は1に絞られます。少し難易度の高い問題とはいえます。

ア ✖ 💡　　裁量の逸脱・濫用があれば司法審査が及ぶ　　　　第1節 ②

　立法府の判断が著しく合理性を欠き明らかに裁量の逸脱・濫用となる場合には、**司法審査は及びます**。

イ ✖　学習指導要領は法規性あり　　　　第2節 ①

　判例は、旭川学力テスト事件において、国は必要かつ相当と認められる範囲において、教育内容についてもこれを決定する権能を有するとしていますので、前半は正しいです。しかし、判例は、伝習館高校事件において、**学習指導要領の法規としての性質を認めています**ので、後半は誤っています。

ウ ⭕ Skip ▶

　判例は、全逓名古屋中郵事件において、同様のことを述べています。

エ ✖　組合員救済のための費用徴収は統制権の範囲内　　　③

　判例は、国労広島地本事件において、本記述の臨時組合費については組合員の納付義務を認めています。

オ ✖　生産管理は認められず　　　③

　本記述は、いわゆる生産管理が許されるかを問うている問題です。判例は、**生産管理は、正当な争議行為として認められない**としています。

問題 58 日本国憲法に規定する請願権に関する記述として、妥当なのはどれか。

特別区 I 類2011

1 請願権は、日本国憲法で保障されたものであるから、日本国憲法の改廃は請願の対象とはならない。

2 選挙権を有する日本国民は、請願権を有するが、選挙権を有しない外国人や未成年者は、請願権を有しない。

3 請願は、国の機関に対して行うことができるが、天皇は国政に関する権能を有しないため、天皇に関する請願は認められない。

4 請願権の保障は、請願を受けた国や地方自治体の機関にそれを誠実に処理する義務を課し、請願の内容を審理及び判定する法的拘束力を生ぜしめる。

5 請願は、請願者の利害に関するものである必要はなく、国や地方自治体の機関に対して、その職務権限に属する事項について要望を述べる行為である。

正　解 5

　請願権というマイナー分野の問題ですが、内容的には平易であり、請願権について学習していれば容易に正解できる問題です。

1　✕　憲法の改廃も対象となる
　請願権の対象には特に制限はありません。憲法改正についても16条の「…その他の事項に関し」に該当し、請願の対象となりえます。

2　✕　外国人や未成年者も請願権を有する
　請願権の主体についても特に制限はありません。16条も請願権の主体についても「何人も」としています。したがって、外国人や未成年者も請願権の主体に含まれます。

3　✕　天皇に対する請願も認められる
　天皇への請願は内閣に提出しなければならないとされています（請願法3条1項）。

4　✕　法的拘束力はない
　請願を受けた機関にそれを誠実に処理する義務を負いますが、**請願の内容を審理・判定する法的拘束力は生じません**。

5　○
　請願権の対象には特に制限はありません。**自己の利害に無関係な事項についての請願も可能**です。

問題 59 　参政権に関する**ア〜オ**の記述のうち、判例に照らし、妥当なもののみを全て挙げているのはどれか。 国家一般職2020

ア　憲法第15条の規定は、国外に居住していて国内の市町村の区域内に住所を有していない在外国民の選挙権を保障するものではないから、在外国民に衆参両議院の比例代表選出議員の選挙についてだけ投票を認め、衆議院小選挙区及び参議院選挙区選出議員の選挙については投票を認めないこととしても、違憲ということはできない。

イ　憲法は、国会の両議院の議員を選挙する制度の仕組みの具体的決定を原則として国会の裁量に委ねているのであるから、投票価値の平等は、憲法上、選挙制度の決定のための唯一、絶対の基準となるものではなく、原則として、国会が正当に考慮することのできる他の政策的目的ないしは理由との関連において調和的に実現されるべきものと解さなければならない。

ウ　政治上の表現の自由は民主政治の根幹を成すものであって、政見放送の事前抑制は認められないから、政見放送において、その使用が社会的に許容されないことが広く認識されているいわゆる差別用語を使用した部分が公職選挙法の規定に違反するとして、当該部分の音声を削除して放送することは、憲法第21条に違反する。

エ　戸別訪問の禁止は、意見表明そのものの制約を目的とするものではなく、意見表明の手段方法のもたらす弊害を防止して、選挙の自由と公正を確保することを目的としているところ、その目的は正当であり、戸別訪問を一律に禁止することと禁止目的との間には合理的な関連性がある。また、選挙の自由と公正の確保という戸別訪問の禁止によって得られる利益は失われる利益に比してはるかに大きいといえるから、戸別訪問を一律に禁止している公職選挙法の規定は、憲法第21条に違反しない。

オ　公職選挙法が、同法所定の組織的選挙運動管理者等が買収等の所定の選挙犯罪を犯し禁錮以上の刑に処せられた場合に、公職の候補者であった者の当選を無効とし、かつ、これらの者が一定期間当該選挙に係る選挙区において行われる当該公職に係る選挙に立候補することを禁止する旨を定めているこ

とは、いわゆる連座の対象者の範囲を必要以上に拡大し、公明かつ適正な公職選挙の実現という立法目的を達成するための手段として妥当性を欠いており、憲法第15条に違反する。

1 ア、ウ　　2 ア、エ　　3 イ、エ
4 イ、オ　　5 ウ、オ

正解 3

ウは少し細かい判例からの出題です。しかし、**ア、オ**は基本判例からの出題であり、これが✕と確定できれば正解できます。したがって、標準的な問題といってよいでしょう。

ア ✕ 💡　　在外国民への選挙権制限は違憲　　2

判例は、在外邦人選挙権制限事件において、在外国民に対して選挙区選挙の選挙権行使を制限している公職選挙法の規定を**違憲**と判断しています。

イ ○ Skip ▶

判例は、昭和51年衆議院定数不均衡訴訟（昭和51年）において、本記述と同様のことを述べています。

ウ ✕ Skip ▶　差別的言動の削除は不法行為とならず

判例は、NHKが政見放送の一部を削除したことが問題となった政見放送削除事件において、差別的言動がそのまま放送される利益は法的に保護された利益とはいえないとしたうえで、立候補者の言動がそのまま放送されなかったとしても不法行為とはならないとしています。

エ ○　　第3章第3節 2

判例は戸別訪問事件において、本記述と同趣旨のことを述べています。

オ ✕ 連座制は合憲　　2

判例は、連座制について**合憲**とする判断を下しています。

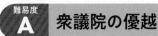
問題60 日本国憲法に規定する衆議院の優越に関する記述として、妥当なのはどれか。

特別区Ⅰ類2020

1 内閣総理大臣の指名について、衆議院と参議院とが異なった指名の議決をした場合は、衆議院で出席議員の3分の2以上の多数で再び指名の議決をしたときに限り、衆議院の議決を国会の議決とする。

2 条約の締結に必要な国会の承認について、参議院で衆議院と異なった議決をした場合に、法律の定めるところにより、両議院の協議会を開いても意見が一致しないときは、衆議院の議決を国会の議決とする。

3 内閣について、衆議院で不信任の決議案を可決し、参議院でその決議案を否決した場合に、衆議院で出席議員の3分の2以上の多数で不信任の決議案を再び可決したときは、内閣は総辞職しなければならない。

4 法律案について、衆議院で可決し参議院でこれと異なった議決をした場合は、法律の定めるところにより、両議院の協議会を開かなければならず、その協議会でも意見が一致しないときは、衆議院の可決した法律案が法律となる。

5 予算について、参議院が衆議院の可決した予算を受け取った後、国会休会中の期間を除いて30日以内に議決しないときは、衆議院は、参議院がその予算案を否決したものとみなし、出席議員の過半数で再びこれを決することができる。

各記述とも基本知識です。また正解である **2** も◯と自信を持って判定すべき知識を問うており、易しい問題です。

1 ✕　再議決は必要ない

内閣総理大臣の指名については再議決を必要としません。衆議院の議決が国会の議決となります（67条2項）。

2 ◯

条約の締結に対する承認については、参議院で衆議院と異なった議決をした場合、両議院の協議会を開いても意見が一致しないときは、**衆議院の議決が国会の議決となります**（61条、60条2項）。

3 ✕ 💡　参議院には内閣不信任決議権がない

そもそも**総辞職させる効果を持つ内閣不信任案の決議権は衆議院だけが有している**ので（69条）、参議院が関わることはありえません。

4 ✕　法律案は再議決が必要

衆議院で可決し、参議院でこれと異なった議決をした法律案は、**衆議院で出席議員の3分の2以上の多数で再び可決したとき**は、法律となります（59条2項）。

5 ✕　再議決は必要ない

参議院が衆議院の可決した予算を受け取った後、国会休会中の期間を除いて30日以内に議決しないときは、**衆議院の議決が国会の議決となります**（60条2項）。したがって、本記述の場合、再議決をすることなく衆議院の議決が国会の議決となります。

問題 61　衆議院の優越に関する次のA〜Dの記述の正誤の組合せとして最も適当なものはどれか。　裁判所2014

A　衆議院で可決し、参議院でこれと異なった議決をした予算は、衆議院で出席議員の3分の2以上の多数で再び可決したときは、衆議院の議決が国会の議決となる。

B　内閣は、衆議院又は参議院で、不信任の決議案を可決し又は信任の決議案を否決したときは、総辞職をしなければならない。

C　条約の締結に必要な国会の承認については、先に衆議院で審議しなければならない。

D　内閣総理大臣の指名について、衆議院と参議院とが異なった指名の議決をした場合、衆議院で出席議員の3分の2以上の多数で再び可決したときは、衆議院の議決が国会の議決となる。

	A	B	C	D
1	正	正	正	正
2	正	誤	正	誤
3	誤	正	誤	誤
4	誤	誤	正	正
5	誤	誤	誤	誤

全部✗という点で少し戸惑ったかもしれませんが、各記述とも基本知識からの出題であり、確実に正解したい問題です。

A ✗ 再議決は必要ない ②

予算についての議決は、衆議院での再議決を要せず、衆議院の議決が国会の議決となります（60条2項）。

B ✗ 参議院には内閣不信任決議権がない ②

内閣総辞職の効果を有する決議ができるのは衆議院だけです（69条）。参議院には内閣の政治的責任を追及する**問責決議**を行う権限がありますが、これが可決されても**内閣が総辞職する必要はありません**。

C ✗ 条約締結の承認に衆議院の先議権はない ②

衆議院に先議権が認められているのは、**予算だけ**です（60条1項、61条）。

D ✗ 再議決は必要ない ②

内閣総理大臣の指名についての議決は、衆議院での再議決を要せず、衆議院の議決が国会の議決となります（67条2項）。

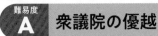

衆議院の優越

問題 62　　日本国憲法に規定する衆議院の優越に関する記述として、妥当な
のはどれか。　　　　　　　　　　　　　　　　　　　　　　特別区Ⅰ類2011

1　衆議院が内閣総理大臣の指名の議決をした後、国会休会中の期間を除いて
　　十日以内に参議院が指名の議決をしないときは、衆議院の議決が国会の議決
　　となる。

2　参議院が衆議院の可決した法律案を受け取った後、国会休会中の期間を除
　　いて六十日以内にその法律案の議決をしないときは、直ちに衆議院の議決が
　　国会の議決となる。

3　条約の締結に必要な国会の承認について、衆議院で可決し、参議院でこれ
　　と異なった議決をした場合、衆議院で出席議員の三分の二以上の多数で再び
　　可決されたときは、衆議院の議決が国会の議決となる。

4　参議院が衆議院の可決した予算を受け取った後、国会休会中の期間を除い
　　て三十日以内に議決しないときは、衆議院は参議院がその予算を否決したも
　　のとみなすことができる。

5　憲法改正について、衆議院で発議し、参議院でこれと異なった発議をした
　　場合、衆議院で総議員の三分の二以上の賛成で再び発議したときは、衆議院
　　の発議が国会の発議となる。

各記述とも「衆議院の優越」に関する基本知識で正誤の判定ができる基本問題です。確実に解答できるようにしておきましょう。

1 ○

67条2項に合致した記述です。

2 ✕ 両院協議会か再議決が必要

60日以内に議決しないときは、衆議院は、参議院がその法律案を否決したものとみなすことができるだけです（59条4項）。その後、**再議決を行うか、両院協議会の開催を求めるかは、衆議院で判断する**ことになります。

3 ✕ 再議決は必要ない

条約締結の承認については、**衆議院での再議決を経ることなく、衆議院の議決が国会の議決となります**（61条・60条2項）。

4 ✕ 💡 30日経過後、自然成立する

予算の議決については、参議院が30日以内に議決しない場合、**衆議院の議決が国会の議決となります**（60条2項後段）。したがって、「否決したものとみなす」必要性がそもそもなく、本記述のような規定はありません。

5 ✕ 憲法改正の発議は衆議院の優越なし

憲法改正については衆議院には優越はありませんので、衆議院の再議決の手続は存在しません（96条1項参照）。

国会議員の特権

第1章第2節

問題 63　日本国憲法に規定する国会議員の特権に関する記述として、妥当なのはどれか。　　　　　　　　　　　　　　　　　　特別区Ⅰ類2010

1　国会議員は、議院で職務上行った演説、討論、表決について、院外において民事上の責任は問われるが、刑事上の責任は問われない。

2　国会議員は、国会の会期中においては、院外における現行犯罪であっても、当該議員の所属する議院の許諾がなければ逮捕されることはない。

3　国会議員の不逮捕特権は、衆議院の解散中に開催された参議院の緊急集会中における参議院議員には、認められていない。

4　国会議員の不逮捕特権は、国会が閉会中に開催される継続審議中の委員会の委員である国会議員には、認められている。

5　国会の会期前に逮捕された国会議員は、当該議員の所属する議院の要求があれば、会期中釈放される。

正 解 5

　4は細かい内容が含まれていましたが、正解である**5**は基本知識なので正解を出すのは容易と思われます。

1 ✘　「民事上の責任」も問われない

　国会議員の免責特権（51条）では、「刑事上の責任」だけでなく、「民事上の責任」も免責の対象となります。したがって、損害賠償責任なども負いません。

2 ✘ 💡　　院外の現行犯なら許諾は不要

　国会議員の不逮捕特権（50条）では、「法律の定める場合」の例外があることを規定しています。そし、国会法では　①院外における現行犯の場合と②議員の所属する議院の許諾のある場合をその例外として定めています（国会法33条、34条）。したがって、現行犯逮捕の場合は議院の許諾は必要ありません。

3 ✘　参議院の緊急集会中も不逮捕特権あり

　参議院の緊急集会は「国会の会期」ではありませんが、国会の代行権能を果たすものなので、不逮捕特権については同じ扱いをすることになっており、その期間中の参議院議員にも不逮捕特権は及びます（国会法100条参照）。

4 ✘ Skip▸|　継続審議される委員会は「会期中」に当たらず

　国会が閉会中に継続審議中の委員会が開催されている場合、その委員である国会議員は、不逮捕特権の対象ではないとされています。

5 〇

　50条後段に照らし、正しい内容になっています。

問題 64　国会に関する次の記述のうち、妥当なのはどれか。

国家専門職2021

1　衆議院は、参議院が衆議院の可決した法律案を受け取った後、国会休会中の期間を除いて60日以内に議決せず、その後さらに両院協議会を開いても意見が一致しない場合に限り、参議院がその法律案を否決したものとみなすことができる。

2　両議院の議員は、法律の定める場合を除き、国会の会期中は逮捕されないが、会期前に逮捕された場合には、その議院からの要求があっても、会期中に釈放されることはない。

3　条約の締結に必要な国会の承認について、参議院で衆議院と異なる議決をした場合、両院協議会を開いても意見が一致しないときは、衆議院で出席議員の3分の2以上の多数で再び可決すれば、衆議院の議決が国会の議決となる。

4　憲法上、国会議員は、議院で行った演説、討論又は表決について、院外で責任を問われることはないとされていることから、政党が党員たる議員の発言や表決について除名等の責任を問うことは許されないと一般に解されている。

5　衆議院が解散された場合、参議院は同時に閉会となるが、内閣は、国に緊急の必要があるときは、参議院の緊急集会を求めることができる。ただし、緊急集会において採られた措置は、臨時のものであって、次の国会開会後10日以内に衆議院の同意がない場合には、その効力を失う。

　各記述とも基本的な知識を問う内容になっています。また、正解である**5**は
ほぼ条文そのままの文章であることから、条文の正確な理解がさえあればスト
レートに**5**を〇と判断することも可能です。基本的な問題といえます。

1　✕　60日経過したら否決とみなす

第1節 **2**

　参議院が60日以内に議決しなければ、**そのことのみで、衆議院は、参議院が
その法律案を否決したものとみなすことができます**（59条4項）。

> **ひとこと**
> 両院協議会の開催は、「否決したとみなした」後に出てくる話で
> あることに注意しましょう。

2　✕　要求があれば会期中は釈放される

第2節 **3**

　会期前に逮捕された議員は、その**議院からの要求があれば、会期中釈放しな
ければなりません**（50条）。

3　✕　再議決は必要ない

第1節 **2**

　条約締結の承認については、衆議院での再議決を経ることなく、**衆議院の議
決が国会の議決となります**（61条・60条2項）。

> **ひとこと**
> 本記述のような再議決制度があるのは、「法律案」の議決の場合
> ですね。

4　✕ 💡　政治的責任は免責されず

第2節 **4**

　国会議員には免責特権（51条）が規定されていますが、免責の対象は、民事
責任、刑事責任などの法的責任を意味するとされています。政党が所属党員
（議員）に対して行う除名処分などの**政治的責任は含まれていません**。

5　〇

2

　参議院の緊急集会に関する記述として正しい内容です（54条2項・3項）。

問題 65　　国会に関する**ア〜オ**の記述のうち、妥当なもののみを全て挙げているのはどれか。　　　　　　　　　　　　　　　　　国家専門職2013

ア　両議院は、各々その総議員の過半数の出席がなければ、議事を開き議決することができない。

イ　衆議院で可決した法律案を参議院で審議中に衆議院が解散された場合であっても、参議院における審議は解散の影響を受けずに継続され、参議院で当該法律案が可決されれば法律は成立する。

ウ　法律案を衆議院が可決した後、参議院がこれを否決した場合には、必ず両院協議会を開催しなければならない。

エ　予算については衆議院の先議が必要とされているが、条約の締結の承認については参議院において先議することも可能である。

オ　内閣総理大臣の指名について両議院が異なった議決をした場合に、両院協議会を開いても意見が一致しないときは、衆議院の議決が国会の議決となる。

1　ア、イ
2　ア、オ
3　イ、ウ
4　ウ、エ
5　エ、オ

　各記述とも基本な知識を問うものです。さらに、**ア**、**ウ**が✗と確定できれば正解できますので、確実に正解できる問題といってよいでしょう。

ア　✗　「過半数」ではなく「3分の1以上」
　定足数は両議院とも「総議員の**3分の1以上**」です（56条1項）。

イ　✗　参議院も同時に閉会される
　参議院は衆議院の解散と同時に閉会となるので（54条2項本文：**同時活動の原則**）、参議院における審議は原則として継続されません。なお、継続審議になり、国会の閉会中に委員会で審議が継続されることも例外的にあります。

> **ひとこと**　参議院の審議まで進んだ状況も「会期不継続の原則」（国会法68条本文）により、次の国会には引き継がれません。

ウ　✗　両院協議会の開催は任意的
　両院協議会を解散するか否かは、**衆議院が任意に判断できます**（59条3項）。したがって、「必ず両院協議会を開催しなければならない」わけではありません。

エ　〇
　衆議院の先議権があるのは予算の議決だけです（60条1項）。したがって、条約の締結の承認については、参議院において先議することができます（61条参照）。

オ　〇
　条文どおりで正しい内容です（67条2項）。

問題 66　国会に関する次の**ア～オ**の記述のうち、妥当なもののみを全て挙げているものはどれか。
裁判所2021

ア　両議院の議決は、憲法に特別の定めのある場合を除いて、出席議員の過半数によるものとされるが、この特別の定めのある場合としては、憲法改正の発議や秘密会を開くための議決などがある。

イ　両議院の定足数（議事を開き議決するために必要な最小限の出席者の数）は、いずれも総議員の２分の１と定められている。

ウ　両議院は、会議の記録を保存しなければならないが、その記録を公表し、かつ一般に頒布することまでは求められない。

エ　憲法は、法律、予算、条約の承認、内閣総理大臣の指名及び憲法改正の発議について衆議院の優越を認めている。

オ　衆議院が解散されたときは、参議院は同時に閉会となるが、内閣は、国に緊急の必要があるときは、参議院の緊急集会を求めることができる。

1　ア、イ
2　ア、オ
3　イ、ウ
4　ウ、エ
5　エ、オ

正　解　2

　イ、**エ**が✖というのは簡単に確定できるため正解を出すのは容易で、基本問題といえます。

ア　○

　両議院の議事について、憲法に特別の定めのある場合を除いては、「出席議員の過半数」で決します（56条2項）。そして、「憲法に特別の定めのある場合」としては、**憲法改正の発議**（96条1項：**総議員の3分の2以上**）や**秘密会を開くための議決**（57条1項：**出席議員の3分の2以上**）などがあります。

イ　✖　💡　　　「2分の1」ではなく「3分の1」

　両議院の定足数は、「**総議員の3分の1以上**」とされています（56条1項）。

ウ　✖　公表、頒布が必要

　両議院は、各々その会議の記録を保存するとともに、秘密会の記録の中で特に秘密を要すると認められるもの以外は、これを**公表し、かつ、一般に頒布しなければなりません**（57条2項）。

エ　✖　「憲法改正の発議」には衆議院の優越なし　　第1節

　法律、予算、条約の承認、内閣総理大臣の指名については衆議院の優越を認めていますが、**憲法改正については、衆議院の優越を認めていません**。

オ　○

　条文どおりで正しい内容です（54条2項）。

国会の活動

第1章第3節

問題 67 日本国憲法に規定する国会に関する記述として、妥当なのはどれか。

特別区Ⅰ類2016

1 予算は、先に衆議院に提出しなければならず、参議院が、衆議院の可決した予算を受け取った後、国会休会中の期間を除いて30日以内に議決しないときであっても、両院協議会を開かなければならず、直ちに衆議院の議決を国会の議決とすることはできない。

2 法律案は、両議院で可決したとき法律となるが、参議院が、衆議院の可決した法律案を受け取った後、国会休会中の期間を除いて60日以内に議決しないときは、直ちに衆議院の議決を国会の議決とする。

3 内閣総理大臣の指名について、衆議院と参議院の議決が一致しないときは、参議院は、両院協議会を求めなければならず、衆議院はこの求めを拒むことができない。

4 衆議院議員の任期満了による総選挙が行われたときは、その選挙の日から30日以内に国会の特別会を召集しなければならないが、特別会の会期は両議院一致の議決で定め、会期の延長は2回に限って行うことができる。

5 両議院の議事は、憲法に特別の定めのある場合を除いては、出席議員の過半数でこれを決し、可否同数のときは、議長の決するところにより、また、議長は、いずれかの議院の総議員の4分の1以上の要求があれば、国会の臨時会の召集を決定しなければならない。

正 解 **3**

正解である **3** は国会法の知識を必要とするため、**○**と断言することは難しく、消去法で他の記述を**✗**と判定する必要があります。少し難易度の高い問題になっています。

1 ✗ 30日経過後は自然成立

第1節 **2**

参議院が「衆議院と異なる議決をしたとき」には、両院協議会を開かなければなりませんが、「**30日以内に議決しないとき**」は、**衆議院の議決がそのまま**

国会の議決となります（60条2項）。

 この場合、衆議院で可決された予算案が30日経過時にそのまま成立することになります。これを「**予算の自然成立**」と呼んでいます。

2 ✖ 💡 　　両院協議会か再議決が必要　　第1節 2

　60日以内に、議決しないときは、衆議院は、参議院がその法律案を否決したものとみなすことができるだけです（59条4項）。その後、**再議決を行うか、両院協議会の開催を求めるかは、衆議院で判断する**ことになります。

3 ⭕ Skip ▶️　　第1節 2

　内閣総理大臣の指名について衆議院と参議院の議決が一致しない場合、両院協議会を必ず開催する必要があり（67条2項）、衆議院は開催を拒むことはできません。この際に、参議院が両院協議会を求めなければならないかについては、憲法上は定かではありませんが、国会法で明記されています（国会法86条2項）。

4 ✖ 　任期満了による総選挙後は「臨時会」　　

　「特別会」は、衆議院の解散総選挙後に召集される国会です。なお、後半の記述は正しい内容になっています。

5 ✖ 　「議長」ではなく、「内閣」が召集を決定　　

　前半は正しいですが（56条2項）、後半は誤っています。**臨時会の召集の決定権者は「内閣」です**（53条）。

問題 68　国会の権能及び議員の地位に関する次の**ア〜オ**の記述のうち、適当なもののみを全て挙げているものはどれか。　　　　　　　　　裁判所2016

ア　憲法の改正は、各議院の総議員の3分の2以上の賛成で、内閣総理大臣がこれを発議し、国民に提案して、その承認を経なければならない。

イ　憲法上認められている国会の権能としては、条約承認権、内閣総理大臣の指名権、予算議決権、弾劾裁判所の設置などが挙げられる。

ウ　両議院の議員は、国会の会期中逮捕されないが、院外における現行犯罪の場合や、所属する議院の許諾がある場合は、逮捕が認められる。

エ　衆議院が解散された場合であっても、参議院は解散せず、衆議院議員の総選挙後新たに国会が召集されるまで国会の機能を代行することになるが、その後、新たに召集された国会において承認されなくても、参議院が代行した行為の効力は否定されない。

オ　衆議院又は参議院の比例代表選出議員は、当選後、自己の所属する政党以外の政党で、当該選挙における名簿届出政党に所属するに至った場合でも、議員資格を喪失しない。

1　ア、ウ
2　イ、ウ
3　イ、オ
4　エ、オ
5　ア、エ

オは細かい知識を問うているため、**イ**と**ウ**を正しいと判断できる正確な知識が求められます。

ア ✕ 「内閣総理大臣」ではなく、「国会」が発議 **2**

憲法改正の発議を行うのは「**国会**」です（96条1項前段）。

イ ◯ **2**

本記述に挙げられる事項はいずれも国会の権能の具体例として正しいものです。

ウ ◯ 第2節 **3**

50条は国会議員の不逮捕特権を規定していますが、不逮捕特権の例外については法律の規定に委ねています。国会法では、①**院外における現行犯罪の場合**と②**所属する議院の許諾がある場合**を例外として規定しています（国会法33条・34条）。

エ ✕ 💡 衆議院が解散すると参議院も閉会となる 第1節 **2**

参議院には解散という概念はありませんが、**衆議院が解散されたときは同時に参議院も閉会となります**ので（54条2項）、「衆議院議員の総選挙後新たに国会が召集されるまで国会の機能を代行することになる」というのは誤りです。

ひとこと

> なお、衆議院が解散されたときは参議院の緊急集会が開催される場合がありますが、緊急集会において採られた措置は臨時のものであり、その後新たに招集された国会の開会の後、10日以内に衆議院の同意がない場合にはその効力を失うことになります（54条2項・3項）。

オ ✕ Skip ▶| 議員資格を喪失する

比例代表選挙で当選した議員が、当選した選挙で戦った他の政党に移籍した場合は失職する規定が設けられています（公職選挙法99条の2、国会法109条の2）。

問題 69 　国会に関する次の**ア～エ**の記述のうち、妥当なもののみを全て挙げているものはどれか。 裁判所2022

ア　国会が「唯一の立法機関」であるとは、法規という特定の内容の法規範を定立する実質的意味の立法は、専ら国会が定めなければならない趣旨であるから、国会が定めた法律の個別的・具体的な委任があったとしても、内閣が実質的意味の立法を政令で定めることはできない。

イ　国会議員は、法律の定める場合を除いて、国会の会期中逮捕されないが、「法律の定める場合」とは、議員の所属する議院の許諾のある場合に限られる。

ウ　国会議員は、議院で行った演説、討論又は表決について、院外で責任を問われないが、この「責任」には、民事及び刑事上の責任が含まれる一方、政党が所属議員の発言や表決について、除名等の責任を問うことは含まれない。

エ　各議院は、その議員の資格争訟の裁判権を有するが、これは議員の資格の有無に関する判断について議院の自律性を尊重する趣旨であるから、各議院における裁判について更に裁判所で争うことはできない。

1 ア、イ
2 ア、ウ
3 イ、ウ
4 イ、エ
5 ウ、エ

アは第2章で学習する内容を含むので、この時点で判断できなくても構いません。

ア ✕ Skip ▶︎　政令で定めることはできる

前半は正しいですが、後半に誤りがあります。内閣は、**個別的・具体的な委任があれば、委任の限度で実質的意味の立法を政令で定めることができます**。

イ ✕　院外の現行犯の場合もあり　　　　　　　　　　　第2節 **3**

不逮捕特権（50条）の例外である「法律の定める場合」には、①**院外における現行犯の場合**と②議員の所属する議院の許諾のある場合があります（国会法33条）。

ウ ◯　　　　　　　　　　　　　　　　　　　　　　　第2節 **4**

条文・通説に照らして、正しい内容になっています。

エ ◯　　　　　　　　　　　　　　　　　　　　　　　　　**3**

条文・通説に照らして、正しい内容になっています。議員の資格争訟の裁判については、司法権の憲法上の限界として、司法審査の対象にはならないと考えられています。したがって、**各議院における裁判についてさらに裁判所で争うことはできません**。

> **ひとこと**
> 司法権の限界については、第3章第1節で学習します。

問題 70   国会に関する次の記述のうち、妥当なのはどれか。

国家専門職2019

1 予算及び条約の締結に必要な国会の承認は、先に衆議院で審議されなければならない。

2 両議院は、院内の秩序を乱した議員を懲罰することができるが、選挙によって選ばれた議員の身分を剥奪することは許されないため、懲罰として議員を除名することはできない。

3 参議院の緊急集会で採られた措置は、臨時のものであって、次の国会開会の後10日以内に衆議院の同意がない場合には、その効力を失う。

4 国会が罷免の訴追を受けた裁判官を裁判するために設置する弾劾裁判所は、両議院の議員で組織されるのが原則であるが、法律で定めれば、その裁判員に両議院の議員以外の者を加えることができる。

5 両議院の議員は、国会の会期中、院内若しくは院外における現行犯罪の場合又はその所属する議院の許諾がある場合を除き、逮捕されない。

4は扱っていない内容なので、**3**を○と確実に判断できるようにしておきたい問題です。

1 ✕ 💡　　　衆議院の先議は予算のみ 第1節 **2**

予算には衆議院の先議権が認められていますが、**条約締結の承認については認められていません**（60条・61条）。

2 ✕　除名することもできる **3**

両議院が持つ議員懲罰権を行使して除名を行い、議員資格を剥奪することも可能です（58条2項）。ただし、この場合、「**出席議員の3分の2以上**」の議決が要求されています。

3 ○ 第3節 **2**

参議院の緊急集会についての記述として正しい内容になっています（54条3項）。

4 ✕ Skip▶️　加えることはできない

64条1項は「国会は、罷免の訴追を受けた裁判官を裁判するため、両議院の議員で組織する弾劾裁判所を設ける」と明記しています。したがって、**両議院の議員以外の者を加えることは許されておらず**、その旨を法律で定めることもできません。

5 ✕　「院内における現行犯罪」は除かれず 第2節 **3**

不逮捕特権の例外として、国会法が挙げているのは、あくまでも①**院外における現行犯罪**の場合、②所属する議院の許諾がある場合の2つのケースです。「院内における現行犯罪」の場合を不逮捕特権の例外として含めて記述するのは誤りとなります。

プラスone🔍 だからといって警察等が国会内の事件に介入できるわけではありません。院内の現行犯については、議長の議院警察権に服することになっており、議院内の自律的解決に委ねられています。

問題 71　　国会に関する次の記述のうち、妥当なのはどれか。

国家一般職2020

1　両議院は、各々その議員の資格に関する争訟を裁判するが、当該裁判により議員の資格を失うこととなった者は、これに不服がある場合、その結論を司法裁判所で争うことができる。

2　憲法に基づく両議院の議員懲罰権は、議院内部の秩序を乱した議員の懲罰を目的とするものであるから、議場外の行為で会議の運営とは関係のない個人的行為は懲罰の事由とはならない。

3　憲法上、予算先議権など衆議院のみに認められた権能がある一方で、参議院のみに認められた権能はない。

4　法律案について、衆議院で可決し、参議院でこれと異なる議決をした場合、必ず両院協議会を開かなければならず、両院協議会で意見が一致しないときは、衆議院で総議員の3分の2以上の多数で再び可決すれば、法律となる。

5　国会の会期中に議決に至らなかった案件は、原則として後会に継続しない。これを会期不継続の原則といい、憲法上、明文で規定されている。

基本的な内容が問われており、確実に正解したい問題です。

1　✕　司法裁判所では争えず　❸

　議員の資格争訟の裁判（55条）については、司法権の憲法上の限界として、司法審査の対象にはならないと考えられています。したがって、各議院における資格争訟の裁判の内容について不服があったとしても、**さらに裁判所で争うことはできません**。

2　○　❸

　通説の内容に照らして、正しい内容になっています。両議院が有する議員の懲罰権（58条2項本文）は「院内秩序をみだす議員」に対して行えるものです。したがって、「議場外の行為で会議の運営とは関係のない**個人的行為**」は、**懲罰事由とはならない**と考えられています。

3　✕　参議院のみに認められた権能もあり　第3節 ❷

　参議院のみに認められた権能として、**参議院の緊急集会**（54条2項但書）があります。

4　✕　両院協議会の開催は任意的　第1節 ❷

　法律案の議決については、**両院協議会を開催するか否かは、衆議院の任意で決めることができます**（59条3項）。なお、両院協議会の開催の有無にかかわらず、衆議院で出席議員の3分の2以上の多数で再び可決したときは、法律となります（59条2項）。

5　✕　憲法ではなく国会法の規定　第3節 ❶

　前半は正しい内容になっています。しかし、会期不継続の原則は、**国会法**（68条本文）で定められているものであって、**憲法上、明文で規定されているものではありません**。

問題72 議院に関する次の**ア〜オ**の記述のうち、適当なもののみを全て挙げているものはどれか。

裁判所2017

ア 衆議院と参議院の関係について、日本国憲法は、内閣不信任決議権、予算先議権を衆議院に認め、法律・予算の議決、条約の承認及び内閣総理大臣の指名において衆議院の優越を認めている。

イ 議院の国政調査権には一定の限界があり、たとえば、現に裁判が進行中の事件における裁判官の訴訟指揮や、裁判の内容の当否について調査することは控えるべきであり、裁判所で審理中の事件の事実について、裁判所と異なる目的などから裁判と並行して調査することも司法権の独立を侵すものとして許されない。

ウ 両議院は、院内の秩序をみだした議員を懲罰することができる。この「院内」とは、議事堂という建物の内部に限られず、議場外の行為でも、議員として活動中の行為で、議員の品位を傷つけ、院内の秩序をみだすものは、懲罰の対象となる。

エ 衆議院が解散され、総選挙後の特別会が召集されるまでの間に、法律の制定・予算の改訂その他国会の開会を要する緊急の事態が生じたとき、それに応えて国会を代行するために参議院の緊急集会が開催される。この緊急集会は、内閣のみならず、参議院の議員の求めに応じて開かれる場合もある。

オ 参議院の緊急集会でとられた措置は終局的に効力を生じ、選挙後の特別会が召集された後に、その効力を失わせしめることはできない。

1 **ア、イ**
2 **ア、ウ**
3 **イ、エ**
4 **イ、オ**
5 **エ、オ**

正　解　2

ウが少し細かい内容になっているので**イ**、**オ**を✕と判定することで正解に達
したい問題です。標準的なレベルといえるでしょう。

ア ○　　　　　　　　　　　　　　　　　　　　　　第1節 **2**

衆議院の優越についての説明として正しい内容になっています。

イ ✕　裁判所と異なる目的での並行調査は可　　　**3**

前半部分は正しい内容ですが、後半部分は誤った内容になっています。**裁判
所と異なる目的**（立法目的や行政監督の目的等）から**裁判と並行して調査する
ことは、司法権の独立を侵害するものではなく、許される**と考えられています。

ウ ○ Skip ►I

条文および通説に照らして、正しい内容になっています。

議員懲罰権（58条2項）は、議事堂という建物の内部の出来事に限られず、
議場外であっても議員として活動中の行為で、議員の品位を傷つけ院内の秩序
をみだす行為については、対象になり得ます。ただし、単なる個人的な行為は
除かれます。

エ ✕ 💡　　　　緊急集会を求めるのは内閣のみ　　　第3節 **2**

緊急の必要があるときは、内閣は緊急集会を求めることができます（54条2
項）。そして、**緊急集会の開催を求めることはできるのは「内閣」のみ**であり、
「参議院議員」が求めることはできません。

オ ✕　効力を失わせることもできる　　　　　　　第3節 **2**

緊急集会でとられた措置は臨時のものであり、次の国会開会の後、**10日以
内に衆議院の同意がない場合はその効力を失います**（54条3項）。したがって、
衆議院は同意しないことで効力を失わせしめることができます。

ひとこと

> なお、「効力を失う」とは、**将来に向かって**効力を失うことをい
> うと考えられています。さかのぼって効力が失われるわけではあ
> りません。

難易度 B 国政調査権

問題73 日本国憲法に規定する議院の国政調査権に関する記述として、判例、通説に照らして、妥当なのはどれか。 特別区Ⅰ類2012

1 国政調査権の行使に当たっては、議院は証人の出頭及び証言並びに記録の提出を要求することができるが、強制力を有する捜索、押収などの手段によることは認められない。

2 国政調査権は、議院が保持する権能を実効的に行使するためのものであり、その主体は議院であるから、議院は、調査を常任委員会に付託して行わせることはできない。

3 裁判所で審理中の事件について、議院が裁判と並行して調査することは、裁判所と異なる目的であっても、司法権の独立を侵すこととなるので許されないが、判決が確定した事件については、調査することができる。

4 検察事務は、行政権の作用に属するが、検察権が裁判と密接に関連する準司法作用の性質を有することから、司法権に類似した独立性が認められなくてはならないので、国政調査権の対象となることはない。

5 国政調査権は、国会が国権の最高機関であることに基づく、国権を統括するための補助的な権能であるが、立法、予算審議、行政監督など、国政調査権の及ぶ範囲は、国政のほぼ全般にわたる。

正 解 1

国政調査権について全般的に問う問題で、**2**、**5**は少し難しいです。**1**を**○**と確定する力が必要です。

1 ○   **3**

62条は国政調査権の行使方法として「証人の出頭及び証言並びに記録の提出を要求することができる」と定めていますが、**強制力を有する捜索、押収などの手段によることは認められない**と考えられています。

2　✕　Skip▶　委員会に付託することも可

　国政調査権の行使（例えば証人喚問など）を、**議院が委員会に付託すること**
も認められています。

 ひとこと
実際に国政調査権の行使（証人喚問など）は、衆参両議院の常任
委員会や特別委員会に付託して行使されています。

3　✕　裁判所と異なる目的での並行調査は可　❸

　裁判所で審理中の事件について、議院が裁判と並行して調査（**並行調査**）す
ることは、**裁判所と異なる目的であれば、許されます**。また、**判決が確定した**
事件だからといって調査ができるわけではありません。裁判官の裁判活動に事
実上重大な影響を及ぼすような調査は許されないと考えられています。

4　✕　💡　対象となることもあり得る　❸

　起訴・不起訴についての検察権の行使に政治的圧力を加えることが目的と考
えられるような調査など**準司法的性質を有するものについては国政調査権の対**
象にはできません。しかし、そのような作用を除き、検察事務も国政調査権の
対象となり得ます。

5　✕　国政調査権は議院の権能を補助するもの　❸

　「国権を統括するための補助的権能」という表現は、**補助的権能説と統括機**
関説という本来相容れない立場を合わせた表現になっており、妥当ではありま
せん。

 ひとこと
政治的美称説⇒補助的権能説
統括機関説⇒独立権能説
という説の間のつながりを思い出して考えましょう。

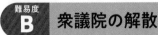

衆議院の解散

難易度 B

問題74 衆議院の解散に関する**ア〜オ**の記述のうち、妥当なもののみを全て挙げているのはどれか。 国家一般職2017

ア 衆議院解散の実質的決定権者及びその根拠について、最高裁判所は、天皇の国事行為の一つとして衆議院の解散を規定する憲法第7条第3号により、内閣に実質的な解散決定権が存すると解すべきであるとしている。

イ 憲法第69条の場合を除き、衆議院が解散される場合を明示した規定はなく、内閣が衆議院を解散することができるのは、衆議院と参議院とで与野党の議席数が逆転した場合及び議員の任期満了時期が近づいている場合に限られると一般に解されている。

ウ 衆議院の自律的解散については、憲法上これを認める明文の規定はないが、国会は国権の最高機関であり、自ら国民の意思を問うのが民主制にかなうと考えられることから、衆議院は自らの解散決議により解散することができると一般に解されている。

エ 内閣は、衆議院で内閣不信任決議案が可決された場合において、10日以内に衆議院が解散されたときは、総辞職をする必要はないが、衆議院議員総選挙が行われた後、初めて国会の召集があったときは、総辞職をしなければならない。

オ 衆議院が解散されたときは、参議院は同時に閉会となる。ただし、国に緊急の必要があるときは、参議院は、内閣又は一定数以上の参議院議員からの求めにより、緊急集会を開くことができる。

1 ア
2 エ
3 ア、エ
4 イ、ウ
5 エ、オ

　2か**3**までは絞れても、**ア**の記述内容を判例と考えて**3**を選んでしまった人が多かったと思われます。少し難易度の高い問題です。

ア　✗ 💡　　判例は存在しない　　　　　　　　　　　　　　　

　衆議院解散の実質的決定権者及びその根拠について、**はっきりと示した判例はありません**。なお学説的には、本記述のように考えるのが通説です。

イ　✗　他にも解散できる場合あり　　　　　　　　　　　　　

　確かに、69条の場合を除き、衆議院が解散される場合を明示した規定はありません。しかし、解散は、内閣が国民に対して信を問う制度であることから、69条以外の場合に解散を行うには、ふさわしい理由がなければならないものの、本記述の2つの場合に**限定されるとは一般には解されていません**。

> **ひとこと**
> 一般に、内閣が衆議院を解散できるのは、次のようなケースと考えられています。
> ①衆議院で内閣の重要案件が否決され，または審議未了になった場合
> ②政界再編成等により内閣の性格が基本的に変わった場合
> ③新たに重大な政治的課題が生じた場合
> ④内閣が基本政策を変更する場合

ウ　✗　自律解散は認められない　　　　　　　　　　　　　　

　衆議院は自らの解散決議により解散すること（自律解散）は認められない、とするのが通説的な立場です。

エ　○　　　　　　　　　　　　　　　　　　　　　　　　　

　衆議院で内閣不信任決議案が可決された場合でも、10日以内に衆議院が解散されれば、とりあえず内閣は総辞職をする必要ありません（69条）。その後、特別会の召集があったときに総辞職することになります（70条）。

オ　✗　参議院議員から求めることはできない　　　　　　　　

　緊急集会を求めることができるのは**内閣だけ**です（54条2項）。参議院側から開催を求めることはできません。

内閣・内閣総理大臣の権能

第2章第2節

問題 75　次の**ア～カ**の記述のうち、憲法上、内閣の権限又は事務とされているもののみを全て挙げているのはどれか。　　　　　国家一般職2018

ア　最高裁判所の長たる裁判官を任命すること。

イ　下級裁判所の裁判官を任命すること。

ウ　法律を誠実に執行し、国務を総理すること。

エ　国会の臨時会の召集を決定すること。

オ　参議院の緊急集会を求めること。

カ　国務大臣の訴追について同意すること。

1　ア、エ、カ

2　イ、ウ、オ

3　ア、イ、エ、オ

4　ア、ウ、オ、カ

5　イ、ウ、エ、オ

アが✕とわかると**2**と**5**に絞れます。したがって、**エ**の正誤判定が決め手になります。標準的なレベルと問題です。

ア　✕　任命は天皇が行う

第1節

最高裁判所の長たる裁判官を任命するのは**天皇**です（6条2項）。

> **ひとこと**　内閣が行うのは「**指名**」のほうなので注意しましょう。

イ　〇

第1節

　下級裁判所の裁判官は、最高裁判所の指名した者の名簿によって、内閣が任命します（80条1項）。

ウ　〇

第1節

　「法律を誠実に執行し、国務を総理すること」は、内閣の権能として憲法73条1号に明記されています。

エ　〇

第1節

　臨時会の召集は、内閣が決定することができます。

> **ひとこと**　ただし、いずれかの議院の総議員の4分の1以上の要求があれば、内閣は、その召集を決定しなければなりません。

オ　〇

第1節

内閣は、参議院の緊急集会を求めることができます（54条2項但書）。

カ　✕　内閣でなく内閣総理大臣の権限

3

　国務大臣の訴追について同意することは、内閣ではなく、**内閣総理大臣**の権限です。

難易度 A　内　閣

第2章第2節

問題 76　　内閣に関する記述として最も妥当なものはどれか（争いのあるときは、判例の見解による。）。　　　　　　　　　　　　　　　　裁判所2022

1　内閣は、内閣総理大臣及びその他の国務大臣で組織される合議体であるが、国務大臣の過半数は、国会議員であるとともに、文民でなければならない。

2　内閣総理大臣は、他の国務大臣と対等の地位にあるため、任意に国務大臣を罷免することはできない。

3　内閣の権能の一つとして、最高裁判所長官その他の裁判官の任命権がある。

4　内閣総理大臣は、閣議の決定が存在しない場合でも、少なくとも、内閣の明示の意思に反しない限り、行政各部に対し、随時、その所掌事務について一定の方向で処理するよう指導、助言等の指示を与える権限を有する。

5　憲法第70条によれば、内閣総理大臣が欠けたときは内閣は総辞職をしなければならないが、この「内閣総理大臣が欠けたとき」とは、死亡した場合、国会議員たる地位を失った場合などのほか、病気や一時的な生死不明の場合を含む。

　正解の **4** は判例知識でしたが、この分野では数少ない判例の１つなので正確に覚えておきましょう。全体的に平易な出題になっており、基本問題といえます。

1 ✗ 国務大臣の過半数でなく全員が文民

第1節 **1**

　国務大臣の過半数は国会議員中から選ぶ必要があり（68条１項）、**全員が文民**でなければなりません（66条２項）。

2 ✗ 💡 任意に罷免できる

1

　内閣総理大臣は、**任意に国務大臣を罷免することが可能**です（68条２項）。

3 ✗ 長官は天皇が任命

第1節 **4**

　最高裁判所長官以外の裁判官は内閣が任命しますが（79条１項、80条１項）、**最高裁判所長官は、内閣の指名に基づいて天皇が任命**します（6条２項）。

4 ○

2

　判例に照らし正しい内容になっています（ロッキード事件）。

5 ✗ 病気や一時的な生死不明の場合は含まない

第1節 **5**

　内閣総理大臣が欠けたときは、内閣は総辞職をしなければなりません（70条前段）。この「欠けたとき」には、死亡した場合、国会議員の地位を失った場合は含みますが、**内閣総理大臣の病気や一時的な生死不明の場合は含みません**。

問題 77　　内閣に関する**ア～オ**の記述のうち、妥当なもののみを全て挙げているのはどれか。
国家専門職2020

ア　内閣総理大臣及びその他の国務大臣は、合議体としての内閣の構成員である。また、行政事務を分担管理しない無任所の大臣が存在することは想定されていない。

イ　内閣は、衆議院が内閣不信任の決議案を可決した場合、10日以内に衆議院が解散されない限り、総辞職をしなければならないが、衆議院が内閣信任の決議案を否決した場合については、この限りでない。

ウ　内閣が実質的な衆議院の解散決定権を有しているわけではないため、衆議院の解散は、憲法第7条のみならず憲法第69条にも基づく場合でなければ行うことができないと一般に解されており、実際に憲法第69条に基づかない衆議院の解散は行われていない。

エ　明治憲法においては、内閣総理大臣は、同輩中の首席であって、他の国務大臣と対等の地位にあるにすぎず、国務大臣を罷免する権限は有していなかった。

オ　内閣は行政全般に直接の指揮監督権を有しているため、内閣の指揮監督から独立している機関が行政作用を担当することは、その機関に国会のコントロールが直接に及ぶとしても、憲法第65条に違反すると一般に解されている。

1　エ
2　ア、オ
3　イ、エ
4　イ、オ
5　ア、ウ、エ

　オは独立行政委員会に関する少し難しい問題ですが、**オ**の正誤の判定ができなくても、**ア**、**イ**、**ウ**を✕と判断することで正解できますね。標準的な問題です。

ア　✕　無任所大臣を置くことも可　　　　第1節 **1**

　行政事務を分担しない、いわゆる<u>無任所大臣を置くこと</u>は可能です。

イ　✕　内閣信任の決議案を否決した場合も同様　　　第1節 **5**

　衆議院で「内閣不信任案を可決した場合」だけでなく、「**内閣信任の決議案を否決した場合**」も10日以内に衆議院が解散されない限り、内閣は総辞職しなければなりません（69条）。

ウ　✕　解散は69条の場合に限定されず　　　　第1節 **3**

　内閣には、実質的な衆議院の解散権があると考えられています。そして、内閣が衆議院を解散できる場合は、**69条の場合に限定されない**とする69条非限定説が通説です。

エ　〇　　　　　　　　　　　　　　　　　　　**1**

　明治憲法下では、内閣総理大臣は同輩中の首席という位置づけで、他の大臣と法的には同格・対等であって、国務大臣に対する罷免権は認められていませんでした。

オ　✕　独立した機関が行政作用を担当しても65条に違反せず　第1節 **1**

　内閣の指揮監督から独立した行政委員会のような機関も、65条が内閣に属しない行政機関の存在も容認していると解されることや最終的に国会による直接のコントロールが及ぶものとなっていることを理由に**合憲**とされています。

難易度 **A** 内 閣

問題 78 内閣に関する記述として最も妥当なものはどれか。 裁判所2019

1 内閣総理大臣は、必ず国会議員の中から指名されなければならないが、国務大臣については、国会議員以外の者を任命することができ、全ての国務大臣を国会議員以外の者から任命することも可能である。

2 衆議院が内閣不信任を決議した場合において、内閣がこれに対抗して衆議院の解散に踏み切り、その後の総選挙で内閣を支持する与党が過半数の議席を獲得した場合には、内閣は総辞職する必要はない。

3 衆議院において個別の国務大臣に対する不信任決議がされた場合、当該国務大臣はその地位を失う。

4 憲法第65条が「行政権は、内閣に属する。」と定め、内閣において行政全般に統括権を持つことを要求していることからすれば、全ての行政は、内閣による直接の指揮監督を受けなければならない。

5 内閣総理大臣は、閣議にかけることなく、国務大臣を罷免することができる。

　5が正解であることは容易にわかります。易しい問題です。

1 ✕ 💡　　国務大臣の過半数は国会議員　　　第1節 ①

　国務大臣の**過半数は国会議員の中から選ばなければなりません**（68条1項但書）。したがって、「全ての国務大臣を国会議員以外の者から任命することも可能」ではありません。

2 ✕　選挙結果に関係なく内閣は総辞職　　　第1節 ⑤

　衆議院で不信任の決議案を可決され、衆議院が解散された場合、**選挙の結果にかかわらず**、特別会（衆議院の解散総選挙後に召集される国会）の召集があったときに、**内閣は総辞職します**（70条）。

3 ✕　国務大臣を辞職させる効果はなし　　　第1節 ②

　個別の大臣に対する不信任決議をすることは可能ですが、当該決議は法的効力を持ちません。したがって、国務大臣に対する不信任決議がされても、当該国務大臣は**その地位を失うことはありません**。

4 ✕　すべての行政が内閣の指揮監督を受けなくてもよい　　　第1節 ①

　内閣による直接の指揮監督を受けない行政機関として人事院や公正取引委員会等の**独立行政委員会**があります。独立行政委員会は合憲とされており、必ずしも、**すべての行政が内閣による直接の指揮監督を受けていなければならないとは考えられていません**。

5 〇　　　　　　　　　　　　　　　　　　　　　　　①

　内閣総理大臣は、任意に国務大臣を罷免することができます（68条2項）。**閣議にかけることは不要**とされています。

問題79 日本国憲法に規定する内閣又は内閣総理大臣に関する記述として、通説に照らして、妥当なのはどれか。 特別区Ⅰ類2016

1 内閣は、内閣総理大臣及びその他の国務大臣で組織される合議体であり、国務大臣は内閣の構成員であると同時に、各省の長として行政事務を分担管理する主任の大臣でなければならず、無任所の大臣を置くことは認められていない。

2 内閣は、行政権の行使について、国会に対し連帯して責任を負うため、内閣を組織する国務大臣は一体となって行動しなければならず、特定の国務大臣が、個人的理由に基づき、個別責任を負うことは憲法上否定されている。

3 内閣は、衆議院で不信任の決議案を可決したときは、10日以内に衆議院が解散されない限り、総辞職をしなければならないが、死亡により内閣総理大臣が欠けたときは、総辞職をする必要はない。

4 内閣総理大臣は、国務大臣を任命するとともに、また、任意に国務大臣を罷免することができ、国務大臣の任免権は内閣総理大臣の専権に属するが、この国務大臣の任免には天皇の認証を必要とする。

5 内閣総理大臣は、法律及び政令に主任の国務大臣の署名とともに連署することが必要であるため、内閣総理大臣の連署を欠いた法律及び政令については、その効力が否定される。

正　解　4

　少し細かい内容にも触れている記述が多くありました。標準的なレベルの問題です。

1 ✕　無任所大臣も認められる　　　　　　　　　　　第1節 **1**

　行政事務を分担管理しない無任所の国務大臣を置くことも認められています。

2 ✕　国務大臣が個別責任を負うとこもありえる　　　第1節 **2**

　「内閣は、行政権の行使について、国会に対し連帯して責任を負う」（66条3項）と規定されていますが、特定の国務大臣が、個人的理由に基づき、**個別責任を負うことを否定するものではありません**。

> ひとこと　　国務大臣の個別責任を問う手段としては、例えば、各議院において、特定の国務大臣に対する問責決議を行う等があります。

3 ✕　内閣総理大臣の死亡は「欠けたとき」に該当　　第1節 **5**

　内閣総理大臣が欠けたとき、又は衆議院議員総選挙の後に初めて国会の召集があったときは、内閣は、総辞職をしなければなりません（70条）。そして、**内閣総理大臣の死亡は、「欠けたとき」に該当します**。したがって、内閣総理大臣が死亡により欠けたときにも、内閣は総辞職しなければなりません。

4 〇　　　　　　　　　　　　　　　　　　　　　　**1**

　内閣総理大臣は、国務大臣を任命し、任意に罷免することができます（68条）。この国務大臣の任免権は、内閣総理大臣の専権に属します。また、国務大臣の任免には天皇の認証が必要です（7条5号）。

> ひとこと　　国務大臣の任免権は，内閣総理大臣の専権に属するので、**閣議にかける必要はありません**（もちろん国会の同意等を受ける必要もありません）。

5 ✕　連署がなくても効力あり　　　　　　　　　　　**4**

　前半は条文どおりで正しいです（74条）。しかし、**署名や連署を欠いても法律や政令の効力に影響はない**と考えられています。

A　内　閣

問題 80　日本国憲法に規定する内閣又は内閣総理大臣に関する記述として、通説に照らして、妥当なのはどれか。　　　　　　　　特別区Ⅰ類2018

1　内閣は、法律の定めるところにより、その首長たる内閣総理大臣及びその他の国務大臣で組織され、内閣総理大臣は文民でなければならないが、その他の国務大臣は文民である必要はない。

2　内閣は、内閣総理大臣が欠けたとき、又は衆議院議員総選挙の後に初めて国会の召集があったときは、総辞職をしなければならず、あらたに内閣総理大臣が任命されるまで引き続きその職務を行うことは許されない。

3　内閣は、日本国憲法及び法律の規定を実施するために、政令を制定することができ、特にその法律の委任がない場合においても、政令に罰則を設けることができる。

4　内閣総理大臣は、内閣がその職権を行うにあたり、国務大臣全体の会議である閣議を主宰し、その閣議の議決方式は、明治憲法下の慣例とは異なり、多数決で足り、全員一致である必要はない。

5　内閣総理大臣は、内閣の首長として、国務大臣の任免権のほか、内閣を代表して議案を国会に提出し、一般国務及び外交関係について国会に報告し、並びに行政各部を指揮監督する権限を有する。

　各記述とも基本知識を問うています。ただ、正解である **5** は列挙事項が多く、**◯**と自信を持って解答するのは少し難しいかもしれません。他の記述を**✕**と判断したうえで、消去法で解答を導き出すべき問題です。

1　**✕**　内閣全員が文民

　内閣総理大臣だけでなく、**その他の国務大臣も文民でなければなりません**（66条2項）。

2　**✕**　任命まで旧内閣が職務継続

　「総辞職をしなければならず」までの前半部分は正しいです。しかし、総辞職した場合、その内閣は、新たに**内閣総理大臣が任命されるまで引き続きその職務を行う**必要があります（71条）。

3　**✕**　罰則には法律の委任が必要

　内閣には政令制定権が与えられており、前半は正しいです（73条6号）。しかし、政令に罰則を規定するためには、「特にその法律の委任」が必要です。したがって、特にその**法律の委任がない場合には、政令に罰則を設けることができません**。

4　**✕** 💡　閣議は慣例で全員一致

　内閣総理大臣が閣議を主宰するとする前半部分は正しいです。しかし、閣議の意思決定については、明治憲法下で慣例であった全員一致方式が日本国憲法下においても慣例として定着しています。したがって、閣議の議決方式は、多数決で足りず、**全員一致**である必要があります。

5　**◯** ❶ ❷

　内閣総理大臣は、内閣の首長としての地位にあり（66条1項）、国務大臣の任免権（68条1項、2項）を有するとともに、本記述の後半の権限を持つことが72条に明記されています。

 内 閣

問題 81 内閣に関する**ア〜オ**の記述のうち、妥当なもののみを全て挙げているのはどれか。

国家専門職2018

ア 内閣が国会に対し連帯して責任を負うだけでなく、特定の国務大臣がその所管する事項に関して単独の責任を負うことも否定されていないが、個別の国務大臣に対する不信任決議は、参議院はもとより、衆議院においても行うことができない。

イ 内閣総理大臣は、国会議員の中から国会の議決で指名される。内閣総理大臣は国務大臣を任命するが、その過半数は国会議員の中から選ばれなければならない。また、国務大臣は、その在任中、内閣総理大臣の同意がなければ訴追されず、閣議決定によらなければ罷免されない。

ウ 内閣総理大臣の職務として、内閣を代表して議案を国会に提出し、一般国務及び外交関係について国会に報告し、行政各部を指揮監督することが、憲法上規定されている。

エ 条約の締結は、内閣の職務として憲法上規定されているが、必ず事後に国会の承認を経ることが必要である。

オ 法律及び政令には、全て主任の国務大臣が署名し、内閣総理大臣が連署することが必要である。政令には、特に法律の委任がある場合を除き、罰則を設けることができない。

1 ア、イ
2 ア、ウ
3 イ、エ
4 ウ、オ
5 エ、オ

正 解 **4**

妥当な記述である**ウ**と**オ**は条文どおりの内容なので、特に難しくはありません。ただ、それでも自信を持って○と判定するのは躊躇すると思います。**ア**、**エ**を確実に✕と判定できるようにしておくことが大切です。

ア ✕ 国務大臣の不信任決議も可能　<small>第1節 ②</small>

前半部分は正しいです。しかし、両議院とも**個別の国務大臣に対する不信任決議を行うことはできます**ので、後半は誤りです。

> **ひとこと**　不信任決議を行うことができるものの、**辞職をさせる効果まではありません。**

イ ✕ 閣議決定を経ず罷免可能　<small>①</small>

最後の「閣議決定によらなければ罷免されない」以外の部分は、すべて正しい内容になっています。内閣総理大臣は、任意に国務大臣を罷免することが可能であり（68条2項）、**閣議決定は不要**とされています。

ウ ○　<small>②</small>

本記述と同様の内容が72条に規定されています。

エ ✕ 事前もしくは事後に承認を経る　<small>第1節 ④</small>

条約の締結は内閣の権能として73条3号に明記されていますが、国会の承認については、「事前に、または時宜によっては事後に」を経なければならないと規定されており、**事後である必要はありません**。

オ ○　<small>第1節 ④ 第2節 ④</small>

前半、後半ともに条文（74条、73条6号ただし書）とおりで正しいです。

問題 82　日本国憲法に規定する内閣総理大臣に関する記述として、妥当なのはどれか。

特別区Ⅰ類2011

1　内閣の意思決定は内閣総理大臣が主宰する閣議によってなされるが、その閣議の議事は慣習によるものではなく憲法に規定されている。

2　内閣総理大臣が欠けた場合、又は衆議院議員総選挙の後に初めて国会の召集があった場合は、内閣は総辞職をしなければならない。

3　政令には主任の国務大臣が署名し、内閣総理大臣の連署が必要であるが、内閣総理大臣自らが主任の大臣として政令に署名することはない。

4　内閣総理大臣は任意に国務大臣を罷免することができ、その罷免に関して天皇の認証は必要ない。

5　国会議員であることは内閣総理大臣の資格要件であるので、衆議院の解散により議員の資格を失った場合は、直ちに内閣総理大臣の地位を失う。

　3や**5**については少し細かい内容になっていますが、正解の**2**の記述が条文どおりの平易な内容なので、ストレートに○と判断できる記述になっています。

1　✕　憲法の規定ではなく慣例

　閣議の議決方法について、憲法上も法律上も特に**明文の規定はありません**。慣例によって、国務大臣の全員一致によるとされています。

2　○

　70条の条文のままの内容です。

3　✕　署名することもある

　内閣総理大臣が主任の大臣となっている機関（内閣府等）については、内閣総理大臣自身が主任の大臣として署名することになります。

4　✕　天皇の認証は必要

　内閣総理大臣は任意に国務大臣を罷免することができますが、その罷免に関して**天皇の認証が必要**となります（7条5号）。

5　✕　「直ちに」ではない

　確かに、国会議員であることは内閣総理大臣の資格要件と考えられています。しかし、内閣が総辞職するのは、衆議院議員総選挙の後に初めて国会の召集があったときであり（70条）、総辞職した後も、新たに**内閣総理大臣が任命されるまで引き続きその職務を行う**（71条）こととなっています。したがって、直ちに内閣総理大臣の地位を失うわけではありません。

問題 83　　内閣及び内閣総理大臣に関する**ア～オ**の記述のうち、妥当なもののみを全て挙げているのはどれか。　　　　　　　　　　　国家専門職2013

ア　内閣は、国会の臨時会の召集を決定することができるが、いずれかの議院の総議員の5分の1以上の要求があれば、その召集を決定しなければならない。

イ　予見し難い予算の不足に充てるため、内閣は閣議に基づいて予備費を設け、これを支出することができるが、事後に国会の承諾を得なければならない。

ウ　内閣総理大臣は、国務大臣の任免権を有するが、これは内閣総理大臣の専権事項であるので、閣議にかけて決定する必要はない。

エ　内閣総理大臣は、閣議にかけて決定した方針が存在しない場合においても、少なくとも内閣の明示の意思に反しない限り、行政各部に対し、随時その所掌事務について一定の方向で処理するよう指導、助言等の指示を与える権限を有するとするのが判例である。

オ　憲法は、内閣総理大臣が欠けたときは、内閣は総辞職をしなければならないと定めているが、ここにいう「欠けた」には、死亡した場合のほか、除名や資格争訟の裁判などによって内閣総理大臣が国会議員たる地位を失った場合も含まれる。

1　ア、イ
2　ウ、エ
3　ア、イ、オ
4　イ、エ、オ
5　ウ、エ、オ

イは第4章で学習する内容なので、この時点ではわからなくてかまいません。また、**オ**が○か✗かを確定できないと正解できませんが、細かい内容が含まれているので、少し難しい問題です。

ア ✗ 5分の1以上でなく4分の1以上の要求 第1章第3節 ❶

内閣は、臨時会の召集を決定できますが（53条）、いずれかの議院の総議員の**4分の1以上の要求があったとき**は、臨時会の召集を決定しなければなりません。

> **ひとこと**
> 憲法の規定上、「5分の1」という数字が登場するのは、国会において各議員の表決を会議録に記録する場合（57条3項）です。

イ ✗ Skip▶ 閣議でなく国会の議決が必要

予備費を設けるためには、国会の議決が必要です（87条1項）。なお、支出については内閣の責任で行うことが可能であり、支出した後で国会の承諾を得る必要があります（87条1項、2項）。

ウ ○ ❶

内閣総理大臣は、国務大臣の任免権を有しています（68条）。そして、この任免権は内閣総理大臣の専権事項に属することから、**閣議にかける必要はない**と考えられています。

エ ○ ❷

判例は、ロッキード事件において、本記述と同様のことを述べています。

オ ○ 第1節 ❺

内閣総理大臣が欠けたとき、内閣は総辞職しなければなりません（70条前段）。この「欠けたとき」には、死亡した場合のほか、除名や資格争訟の裁判により国会議員の地位を失った場合も含まれると考えられています。

司法権の意義・限界

第3章第1節

問題 84 司法権の限界に関する記述として、最高裁判所の判例に照らして、妥当なのはどれか。

特別区Ⅰ類2012

1 裁判所は、法令の形式的審査権をもつので、両院において議決を経たものとされ適法な手続によって公布されている法について、法制定の議事手続に関する事実を審理してその有効無効を判断することができる。

2 衆議院の解散は、極めて政治性の高い国家統治の基本に関する行為であって、その法律上の有効無効を審査することは、衆議院の解散が訴訟の前提問題として主張されている場合においても、裁判所の審査権の外にある。

3 大学における授業科目の単位授与行為は、一般市民法秩序と直接の関係を有するので、大学が特殊な部分社会を形成しているとしても、当該行為は、大学内部の問題として大学の自主的、自律的な判断に委ねられるべきではなく、裁判所の司法審査の対象になる。

4 自律的な法規範をもつ社会ないしは団体にあっては、当該規範の実現を内部規律の問題として自治的措置に任せ、必ずしも、裁判にまつを適当としないものがあり、地方公共団体の議会の議員に対する除名処分はそれに該当し、その懲罰議決の適否は裁判権の外にある。

5 政党は、議会制民主主義を支える上で重要な存在であり、高度の自主性と自律性を与えて自主的に組織運営をなしうる自由を保障しなければならないので、政党が党員に対してした処分には、一般市民法秩序と直接の関係を有するか否かにかかわらず、裁判所の審判権が及ばない。

いずれの記述も司法権の意義・限界における重要判例からの出題ですので、確実に正解したい基本問題です。

1 ✕　議事手続は審査の対象ではない

　判例は、議院の自律権を尊重する趣旨から、適法な手続によって公布された法について、**法制定の際の議事手続が適法であったか否かについては、有効無効の判断をしない**としています（警察法改正無効事件）。

2 ◯

　判例は、本記述と同趣旨のことを述べています（苫米地事件）。このような考え方を「**統治行為論**」といいます。

3 ✕　単位授与行為は審査の対象でない

　判例は、大学における授業科目の**単位授与行為は司法審査の対象とならない**としています（富山大学事件）。

4 ✕ 💡　　除名処分は審査の対象である

　前半部分は判例どおりで正しいです。しかし、地方議会における議員の**除名処分は議員の身分に関する重大事項**で、単なる内部規律の問題にとどまらず、**司法審査の対象となる**としています。

5 ✕　審査対象となる場合あり

　判例は、政党が党員に対してした処分が**一般市民法秩序と直接の関係を有するか否か**によって、裁判所の審判権が及ぶか否かを判断しています（共産党袴田事件）。したがって、後段が誤りです。

 ひとこと

一般市民法秩序と直接の関係を有しない内部的な問題の場合は司法審査の対象とならず、直接の関係を有する（一般市民としての権利利益を侵害する）場合は司法審査の対象となります。ただし、この場合も**手続面だけの審査**となります。

第2編

第3章

裁判所

問題 85　司法権に関する**ア〜オ**の記述のうち、妥当なもののみを全て挙げているのはどれか。　　　　　　　　　　　　　　　　国家一般職2020

ア　法律上の争訟は、当事者間の具体的な権利義務ないし法律関係の存否に関する紛争であって、かつ、それが法律を適用することにより終局的に解決することができるものに限られるため、具体的事件性を前提とせずに出訴できる制度を法律で設けることはできない。

イ　特定の者の宗教法人の代表役員たる地位の存否の確認を求める訴えは、その者の宗教活動上の地位の存否を審理、判断するにつき、当該宗教団体の教義ないし信仰の内容に立ち入って審理、判断することが必要不可欠である場合であっても、法律上の争訟に当たるとするのが判例である。

ウ　法律が両院において議決を経たものとされ適法な手続により公布されている場合、裁判所は両院の自主性を尊重すべきであり、同法制定の議事手続に関する事実を審理してその有効無効を判断すべきではないとするのが判例である。

エ　衆議院の解散は、極めて政治性の高い国家統治の基本に関する行為であり、その法律上の有効無効を審査することは、当該解散が訴訟の前提問題として主張されている場合においても、司法裁判所の権限の外にあるとするのが判例である。

オ　自律的な法規範を持つ社会ないし団体にあっては、当該規範の実現を内部規律の問題として自主的措置に任せるのが適当であるから、地方公共団体の議会の議員に対する懲罰議決の適否については、それが除名処分である場合も含めて、裁判所の審査権の外にあるとするのが判例である。

1　ア、イ
2　ア、オ
3　イ、ウ
4　ウ、エ
5　エ、オ

　イは応用的な判例からの出題なので、他の記述の正誤の判定により正解を導き出していく必要があります。**ウ、オ**は平易な内容ですが**ア、エ**は少し難しいため、難易度は高めの問題といえるでしょう。

ア　✕　法律の根拠があれば可能

　具体的事件性を前提とせずに出訴できる訴訟を**客観訴訟**と呼びます。客観訴訟は、裁判所法3条1項の「その他法律において特に定める権限」に含まれ、そのような訴訟制度を**法律で設けることはできる**と考えられています。

イ　✕　**Skip▶️　法律上の争訟に当たらない**

　判例は、特定の者が宗教法人の代表役員の地位にあるか否かが争われた事件において、当該宗教団体の**教義ないし信仰の内容に立ち入って審理、判断することが必要不可欠である場合は、法律上の争訟に当たらない**、としています（日蓮正宗事件）。

> ひとこと　該当の判例自体を知らない場合は、有名判例である板まんだら事件を応用して解答してみるとよいでしょう。

ウ　◯

　判例は、警察法改正無効事件において、同趣旨のことを述べています。

エ　◯

　判例は、苫米地事件において、同趣旨のことを述べています。

> ひとこと　**衆議院の解散が訴訟の前提問題として主張されている場合**においても同様である、としている点に注意しましょう。

オ　✕　除名処分は審査の対象である

　判例は、地方公共団体の議会の議員の除名処分について、**議員の身分の喪失に関する重大事項**で、単なる内部規律事項の問題に止まらないから、**司法審査の対象となる**としています。

問題 86　司法権に関する次の記述のうち、妥当なのはどれか。

国家専門職2017

1　裁判所が、裁判官の全員一致で、公の秩序又は善良の風俗を害するおそれ
があると決定した場合には、対審及び判決は、公開しないでこれを行うこと
ができる。ただし、憲法第3章で保障する国民の権利が問題となっている事
件の判決は、常にこれを公開しなければならない。

2　政党が党員に対してした処分については、それが一般市民法秩序と直接の
関係を有しない内部的な問題にとどまる限り、裁判所の審判権は及ばないが、
当該処分が一般市民としての権利利益を侵害する場合には、裁判所の審判権
が及び、その範囲も、当該処分が適正な手続にのっとってなされたか否かと
いう点に限定されず、当該処分の内容にも常に及ぶとするのが判例である。

3　具体的な権利義務ないし法律関係に関する訴訟であっても、宗教団体内部
でされた懲戒処分の効力が請求の当否を決する前提問題となっており、その
効力の有無が当事者間の紛争の本質的争点をなすとともに、それが宗教上の
教義、信仰の内容に深く関わっているため、当該教義、信仰の内容に立ち入
ることなくその効力の有無を判断することができず、しかも、その判断が訴
訟の帰すうを左右する必要不可欠のものである場合には、当該訴訟は裁判所
法第3条にいう法律上の争訟に当たらないとするのが判例である。

4　全て司法権は、最高裁判所及び法律の定めるところにより設置する下級裁
判所に属するため、行政機関による裁判は一切認められないと一般に解され
ている。

5　最高裁判所の裁判官の任命については、その任命後初めて行われる衆議院
議員総選挙の際に国民の審査に付し、その後5年を経過した後初めて行われ
る衆議院議員総選挙の際に更に審査に付し、その後も同様に審査を行うこと
とされている。

正　解 **3**

3を直接○と判定することは難しいでしょう。他の記述を✕と判定することで消去法により正解を導き出す必要があります。少し難しい問題です。

1 ✕ 判決は絶対公開 4

判決は絶対公開になっており、非公開で行うことはできません（82条１項）。また、**憲法第３章の権利が問題となっている事件については、「対審」についても絶対公開**になっています（82条２項但書）。

2 ✕ 手続面に限定される 第1節 2

前半部分は判例とほぼ同様の記述になっています（共産党袴田事件）。しかし、その範囲については当該処分が**適正な手続にのっとってなされたか否かという点に限定され、当該処分の内容には及ばない**とするのが判例です。

3 ○ Skip ▶▎

判例は、本記述と同様の事案である蓮華寺事件で同趣旨のことを述べています。

本記述の題材となった判例は応用的な判例です。この判例自体を知らない場合は、知っている判例の知識を応用して解答するのも１つの方法です。板まんだら事件を応用して考えてみるとよいでしょう。

4 ✕ 終審でなければ認められる 2

「行政機関は、終審として裁判を行ふことができない」（76条２項後段）と定めていますが、**行政機関が前審として審判することは許される**と考えられています。したがって、行政機関による裁判が一切認められないわけではありません。

5 ✕ 「5年」ではなく「10年」 1

最高裁判所の裁判官は、その任命後初めて行われる衆議院議員総選挙の際国民の審査に付し、その後**10年**を経過した後初めて行われる衆議院議員総選挙の際さらに審査に付されます（79条２項）。

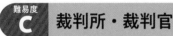

難易度 C 裁判所・裁判官　　　　　　　　　　　第3章第2節

問題87　裁判所に関する次の**ア〜エ**の記述のうち、妥当なもののみを全て挙げているものはどれか。　　　　　　　　　　　　　　　　　裁判所2020

ア　憲法は、公の秩序又は善良の風俗を害するおそれがある場合には、政治犯罪、出版に関する犯罪などの一部の事件を除いて、事件の審理及び判決の言渡しを公開しないで行うことができることを定めている。

イ　憲法は、最高裁判所が、訴訟に関する手続、弁護士、裁判所の内部規律及び司法事務処理に関する事項について、規則を定める権限を有することを定めている。

ウ　憲法は、最高裁判所の長たる裁判官以外の裁判官の人数については法律でこれを定めることとしており、裁判所法が、その人数を14人と定めている。

エ　憲法は、下級裁判所の裁判官の任期については法律でこれを定めることとしており、裁判所法が、下級裁判所の裁判官の任期を10年と定めている。

1　ア、イ
2　ア、エ
3　イ、ウ
4　イ、エ
5　ウ、エ

正　解　3

　ウ、**エ**は細かい知識です。**ア**、**イ**は確実に正誤判定したいですね。それにより**3**か**4**の2択には絞れます。難易度の高い問題です。

ア　✕　判決は絶対公開

　判決は非公開にできる例外はなく、**絶対に公開**となります（82条）。

イ　〇

　本記述の内容は、77条1項に規定されています。

ウ　〇　Skip ▶

　「最高裁判所は、その長たる裁判官及び法律の定める員数のその他の裁判官でこれを構成し…」（79条1項）と規定があり、最高裁判所の長たる裁判官以外の裁判官の人数を法律で定めるものとしています。それを受けて、裁判所法では、その人数を14人と定めています。

エ　✕　法律ではなく憲法で規定

　下級裁判所の裁判官の任期は、**憲法80条1項本文で10年と明記されています**。

> **ひとこと**
> 表などで任期「10年」というのは記憶していても、それが憲法上の規定なのかは定かではない、という人もいたと思います。少し難易度の高い出題になっていました。

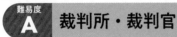

難易度 A　裁判所・裁判官　　　　　　　　第3章第2節

問題 88　裁判所に関する次の**ア〜エ**の記述のうち、妥当なもののみを全て挙げているものはどれか（争いのあるときは、判例の見解による。）。

裁判所2019

ア　憲法第77条第1項において、最高裁判所は、訴訟に関する手続、弁護士、裁判所の内部規律及び司法事務処理に関する事項について規則を定める権限を有するものと定められているから、これらの事項について法律で定めることはできない。

イ　最高裁判所の長たる裁判官は、国会の指名に基づいて天皇が任命し、長たる裁判官以外の裁判官は、国会でこれを任命する。

ウ　最高裁判所裁判官の国民審査制度の実質はいわゆる解職の制度とみることができるから、白票を罷免を可としない票に数えても思想良心の自由に反しない。

エ　裁判官は、回復の困難な心身の故障のために職務を執ることができないと裁判された場合には、公の弾劾によらずに罷免することができる。

1　ア、イ
2　ア、エ
3　イ、ウ
4　イ、エ
5　ウ、エ

　ア、**イ**が誤りとわかれば正解できる比較的やさしい問題です。確実に正解できるようにしましょう。

ア　✗　法律で定めることもできる

　77条1項で規定する裁判所の規則制定権の対象となる4つの事項については、**法律で規定することも許される**と考えられています。実際、民事訴訟法や刑事訴訟法、裁判所法等の法律が制定されています。

イ　✗　💡　　長は天皇、長以外は内閣が任命

　最高裁判所の長たる裁判官は、**内閣の指名に基づいて天皇が任命**し（6条2項）、長たる裁判官以外の裁判官は、**内閣でこれを任命**します（79条1項）。

ウ　○

　判例は、最高裁判所裁判官の国民審査の投票方式の合憲性が争われた事件において、本記述と同趣旨のことを述べています。

エ　○

　「裁判により、心身の故障のために職務を執ることができないと決定された場合」も裁判官の罷免事由の1つであり、公の弾劾によらずに罷免することができます（78条）。

第2編

第3章

裁判所

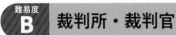

問題 89 日本国憲法に規定する裁判官に関する記述として、妥当なのはどれか。

特別区Ⅰ類2022

1 最高裁判所の裁判官の任命は、任命後10年を経過した後初めて行われる衆議院議員総選挙の際に、最初の国民審査に付し、その後10年を経過した後初めて行われる衆議院議員総選挙の際、更に審査に付し、その後も同様とする。

2 公の弾劾により裁判官を罷免するのは、職務上の義務に著しく違反し、若しくは職務を甚だしく怠ったとき又は職務の内外を問わず、裁判官としての威信を著しく失うべき非行があったときに限られる。

3 すべて裁判官は、独立してその職権を行うこととされているが、上級裁判所は、監督権により下級裁判所の裁判官の裁判権に影響を及ぼすことができる。

4 最高裁判所の長たる裁判官は、国会の指名に基づいて、天皇が任命し、最高裁判所の長たる裁判官以外の裁判官は、内閣が任命する。

5 裁判官は、監督権を行う裁判所の長たる裁判官により、心身の故障のために職務を執ることができないと決定されたときは、分限裁判によらず罷免される。

正 解 2

　正解である **2** はかなり細かい内容なので、他の記述を✖と判断して消去法で解答していくしかありません。難易度の高い問題です。

1 ✖ 最初の国民審査は10年経過後ではない

　最高裁判所の裁判官の任命は、その**任命後に初めて行われる衆議院議員総選挙の際**、国民の審査に付します（79条2項）。

2 ○ Skip ▶

　公の弾劾による裁判官の罷免理由についての本記述の内容は、裁判官弾劾法2条に照らし正しい内容になっています。

3 ✖ 裁判所内部からの指示・命令も排除

　すべて裁判官は、その良心に従って独立してその職権を行い、憲法及び法律にのみ拘束される（76条3項）と規定されており、この**裁判官の職権行使の独立は、裁判所内部においても保障される**ものと考えられています。したがって、たとえ上級裁判所といえども下級裁判所の裁判官の職権の行使に影響を及ぼすことは許されません。

4 ✖ 長は内閣が指名

　天皇は**内閣の指名**に基づいて、最高裁判所の長たる裁判官を任命します（6条2項）。また、**最高裁判所の長たる裁判官以外の裁判官は、内閣が任命**します（79条1項）。

> **ひとこと**
> なお、最高裁判所の長たる裁判官以外の裁判官の任命については、**天皇が認証**を行います。

5 ✖ 分限裁判が必要

　すべての裁判官に共通の罷免事由は、①裁判により心身の故障のために職務を執ることができないとされた場合と、②公の弾劾による場合です（78条前段）。①については、監督権を行う裁判所の長たる裁判官が決定できるものではなく、**裁判（分限裁判）が必要**です。

難易度 A 裁判所・裁判官

第3章第2節

問題 90　日本国憲法に規定する裁判官に関する記述として、通説に照らして、妥当なのはどれか。

特別区Ⅰ類2017

1　最高裁判所の長たる裁判官以外の裁判官は、内閣が任命し、天皇がこれを認証するが、下級裁判所の裁判官は、最高裁判所の指名した者の名簿によって、天皇が任命する。

2　最高裁判所の裁判官の任命は、任命後に初めて行われる衆議院議員総選挙又は参議院議員通常選挙の際、国民の審査に付し、その後10年を経過後に初めて行われる衆議院議員総選挙又は参議院議員通常選挙の際、更に審査に付する。

3　最高裁判所の裁判官は、任期は定められていないが、法律の定める年齢に達した時に退官し、下級裁判所の裁判官は、任期を10年とし、再任されることができるが、法律の定める年齢に達した時には退官する。

4　裁判官に、職務上の義務に違反し、若しくは職務を怠り、又は品位を辱める行状があったとき、行政機関が懲戒処分を行うことはできないが、立法機関である国会は懲戒処分を行うことができる。

5　裁判官は、国会の両議院の議員で組織する弾劾裁判所による裁判により、回復の困難な心身の故障のために職務を執ることができないと決定された場合には、罷免される。

　正解である **3** を確実に⭕と判定するのは少し難しいものの、他の記述を❌と判定するのは難しいものではありません。消去法で **3** を正解とすることが十分可能な問題です。

1　❌　名簿によって内閣がが任命　

　前半は正しいですが（79条1項、裁判所法39条3項）、後半が誤っています。下級裁判所の裁判官は、<u>最高裁判所の指名した者の名簿によって、内閣が任命</u>します（80条1項）。

2　❌　通常選挙では審査せず　

　最高裁判所の裁判官の任命は、その<u>任命後に初めて行われる衆議院議員総選挙の際、国民の審査に付されます</u>（79条2項）。

3　⭕　

　条文どおりで正しい内容になっています。

4　❌　国会も懲戒処分できず　

　行政機関は懲戒処分を行うことはできないと規定されていますが（78条後段）、行政機関だけではなく、<u>立法機関も裁判官に対して懲戒処分を行うことは認められない</u>と考えられています。

5　❌　💡　弾劾裁判ではなく分限裁判　

　「回復の困難な心身の故障のために職務を執ることができないと決定された場合には、罷免される」のは、<u>職務不能の分限裁判</u>による罷免です。弾劾裁判とは異なるものです。

> なお、弾劾裁判では，①職務上の義務に著しく違反し，又は職務を甚だしく怠ったとき，②その他職務の内外を問わず，裁判官としての威信を著しく失うべき非行があったときが、罷免事由として裁判官弾劾法で規定されています。

問題 91 司法権に関する**ア〜オ**の記述のうち、妥当なもののみを全て挙げているのはどれか。 国家専門職2014

ア 日米安保条約のような、主権国としての我が国の存立の基礎に重大な関係を持つ高度の政治性を有するものが、違憲であるか否かの法的判断は、純司法的機能を使命とする司法裁判所の審査におよそなじまない性質のものであり、それが一見極めて明白に違憲無効であるとしても、裁判所の司法審査権の範囲外にあるとするのが判例である。

イ 全て司法権は最高裁判所及び法律の定めるところにより設置する下級裁判所に属するところ、家庭裁判所は、一般的に司法権を行う通常裁判所の系列に属する下級裁判所であり、憲法が設置を禁止する特別裁判所には当たらないとするのが判例である。

ウ 憲法上、裁判の公開が制度として保障されていることに伴い、各人は裁判所に対して裁判を傍聴することを権利として要求することが認められ、また、傍聴人には法廷においてメモを取ることが権利として保障されているとするのが判例である。

エ 最高裁判所は、本来の裁判権のほかに、規則制定権、下級裁判所裁判官の指名権、下級裁判所及び裁判所職員に対する監督などの司法行政の監督権を有する。

オ 裁判官に職務上の義務違反がある場合には、裁判によって懲戒処分に付すことができるところ、懲戒処分の種類は、裁判官分限法で免職、戒告、過料の三つが定められている。

1 ア、イ

2 イ、エ

3 ウ、オ

4 ア、ウ、オ

5 イ、エ、オ

オが✖とわかれば **1** か **2** に絞れます。**ア**を✖と判定するのは容易でしょう。**ア**と**オ**が✖と確定できれば正解は **2** とわかりますので、標準的なレベルの問題です。

ア　✖　司法審査する余地がある　　　　　　　　　　　　　第1節 **2**

　判例は、日米安保条約の合憲性が争点となった砂川事件において、一見極めて明白に違憲無効であると認められない限りは、裁判所の司法審査の範囲外であるとして、**例外的にしろ司法審査の余地を認めています**。

イ　○　　　　　　　　　　　　　　　　　　　　　　　　　　　**2**

　76条２項の「特別裁判所」とは、最高裁判所の系列外にある裁判所を指します。**家庭裁判所は最高裁判所の系列に属しており、特別裁判所に当たらないと**するのが判例です。

ウ　✖💡　　　　傍聴もメモも保障されていない　　　　　　　**4**

　判例は、レペタ訴訟において、82条の裁判の公開は制度的保障であり、「裁判所に対して**傍聴することを権利として要求できることまでも認めたものではない**ことはもとより、傍聴人に対して法廷において**メモを取ることを権利として保障しているものではない**」と述べています。

エ　○　　　　　　　　　　　　　　　　　　　　　　　　　　**3**

　最高裁判所には、憲法および裁判所法において、本記述のような権限が認められています。

オ　✖　「免職」は定められていない　　　　　　　　　　　　

　裁判官に対する懲戒処分の種類は、裁判官分限法で戒告と過料は規定されていますが、**免職は規定されていません**。

> **ひとこと**
> 裁判官分限法という法律の知識を問うているわけではありません。
> 免職を規定することは、**罷免事由を法律で創設することになってしまい、許されない**ことがポイントです。

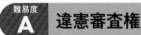

難易度
A 違憲審査権

第3章第3節

問題 92　　裁判所に関する記述として最も妥当なものはどれか（争いのある
ときは、判例の見解による。）。

裁判所2022

1　最高裁判所裁判官の国民審査制度において、白票を罷免を可としない票に
　数えることは思想良心の自由に反する。

2　非訟事件手続及び家事事件手続についても、憲法所定の例外の場合を除き
　公開の法廷における対審及び判決によってなされないならば、憲法第82条第
　1項に反する。

3　憲法第82条第1項は、傍聴人に対して法廷でメモを取ることを権利として
　保障している。

4　憲法第81条は、最高裁判所のみならず、下級裁判所も違憲審査権を有する
　ことを否定する趣旨を持つものではない。

5　裁判官は、裁判により、回復の困難な心身の故障のために職務を執ること
　ができないと決定された場合であっても、公の弾劾によらなければ罷免する
　ことができない。

正解 4

　正解の **4** は基本知識です。ストレートに〇と判断できる知識なので、かなり易しい問題といえるでしょう。

1　✕　思想・良心の自由を侵害しない
第2節 ①

　判例は、最高裁判所裁判官の国民審査において、いわゆる**白票を「信任」扱いにすることも思想・良心の自由を侵害しない**としています。

2　✕　公開原則の対象外
第2節 ④

　非訟事件手続及び家事事件手続は、**訴訟事件ではないので、そもそも82条の公開原則の対象となる裁判には含まれない**とするのが判例です。したがって、非公開で行っても82条に反するものではありません。

> 判例が公開原則の対象とする裁判は**訴訟事件**、つまり、裁判所が当事者の意思いかんにかかわらず終局的に事実を確定し、当事者の主張する権利義務の存否を確定することを目的とする事件についての裁判です。

3　✕　メモ行為は保障されていない
第2節 ④

　判例は、レペタ訴訟において、「憲法82条1項の規定は、各人が裁判所に対して傍聴することを権利として要求できることまでを認めたものでないことはもとより、傍聴人に対して法廷において**メモを取ることを権利として保障しているものでない**」と述べています。

4　〇
②

　判例は、最高裁判所だけでなく、下級裁判所にも違憲審査権があることを認めています。

5　✕　分限裁判で罷免できる
第2節 ①

　「裁判により、心身の故障のために職務を執ることができないと決定された場合」は、78条が規定する裁判官の罷免事由の1つです。したがって、**公の弾劾（弾劾裁判）によらなくても罷免**することができます。

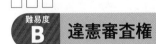

違憲審査権

第3章第3節

問題 93　違憲審査権に関する次の**ア**～**ウ**の記述の正誤の組合せとして最も妥当なものはどれか（争いのあるときは、判例の見解による。）。　裁判所2018

ア　違憲審査権は、憲法第81条の規定をみると、最高裁判所のみに与えられているようにみえるが、下級裁判所もまた、違憲審査権を有する。

イ　条約一般が違憲審査の対象になるか否かについて、判例は、憲法が条約に優位するという前提をとりつつ、①条約は特に憲法第81条の列挙から除外されていること、②条約は国家間の合意という性質をもち、一国の意思だけで効力を失わせることはできないこと、③条約はきわめて政治的な内容をもつものが多いことを理由に、これを否定する立場をとる。

ウ　司法権が民主的基盤に乏しいことは、国の統治の基本に関する高度に政治性のある国家行為を「統治行為」と観念し、それについては法的判断が可能であっても司法審査をすべきでないという見解の根拠になる。

	ア	**イ**	**ウ**
1	正	正	正
2	正	誤	正
3	正	正	誤
4	誤	誤	正
5	誤	正	誤

正　解　**2**

ウが難しいものの、**ア**と**イ**を判別できれば正解がわかる選択肢になっているので、正解するのはそれほど難しくありません。

ア ○

下級裁判所も違憲審査権を有しています。

イ ✕　条約に対する違憲審査も可能

判例は、日米安全保障条約の合憲性が争われた砂川事件において、統治行為論を展開し、「一見極めて明白に違憲無効であると認められない限りは司法審査の範囲外にある」としています。条約一般に対する違憲審査の可否について明示的な判断は行っていませんが、仮に条約一般に対する違憲審査が不可能なのであれば、このような判示をする必要はないことから、**条約一般に対する違憲審査を可能とする立場を採っている**と考えられます。

ウ ○ Skip ▶

統治行為論の根拠についての記述として正しい内容になっています。

> **プラス**one Q 試験上の重要度は低いですが、統治行為論の論拠には、①裁判官は、民主的基盤が乏しいことから高度の政治性を帯びた行為は政治的に無責任な裁判所の審査の外にあるとする考え方（内在的制約説）、②裁判所が統治行為に対して法的観点から司法審査を行うことによって生じる社会的混乱などを回避することが必要であり、そのために裁判所は自制すべきであるとする考え方（自制説）が主張されています。

問題 94 司法権に関する次の**A**〜**D**の記述の正誤の組合せとして、最も適当なのはどれか（争いのあるときは、判例の見解による。）。　　　裁判所2013

A 条約の合憲性については、その締結権を有する内閣及びこれに対する承認権を有する国会の判断に従うべく、終局的には、主権を有する国民の政治的判断に委ねられるべきものであるから、裁判所の司法審査の対象とはならない。

B 大学での単位授与（認定）行為は、それが一般法秩序と直接の関係を有するものであることを認めるに足りる特段の事情のない限り、純然たる大学内部の問題として大学の自主的、自律的な判断に委ねられるべきものであるから、裁判所の司法審査の対象にはならない。

C 政党は、結社としての自主性を有し、内部的自律権に属する行為は尊重すべきであるから、政党が組織内の自律的運営として党員に対してした除名その他の処分の当否については、原則として自律的な解決に委ねるのを相当とし、したがって、政党が党員に対してした処分が一般市民法秩序と直接の関係を有しない内部的な問題にとどまる限り、裁判所の審査権は及ばない。

D 違憲審査権は、具体的な訴訟の解決に必要な限りにおいてのみ行使されるのが原則であるから、裁判所が違憲判断をする場合は、法令そのものを違憲と判断する方法によることはできず、当該事件におけるその具体的な適用だけを違憲と判断する方法によらなければならない。

	A	B	C	D
1	正	正	誤	誤
2	正	誤	誤	誤
3	誤	正	正	正
4	誤	正	正	誤
5	誤	誤	誤	正

正　解　4

　A、Bは司法権の限界に登場する重要判例からの出題なので、きちんと正誤判定できるようにしましょう。

A　✗　💡　司法審査する余地がある

第1節 2

　判例は、日米安全保障条約の合憲性について、**一見極めて明白に違憲無効であると認められる場合を除き、司法審査の対象とならない**としています（砂川事件）。裏を返せば、一見極めて明白に違憲無効であると認められる場合には、司法審査の対象となることから、「ならない」と断言することはできません。

B　○

第1節 2

　判例は、富山大学事件において、本記述と同趣旨のことを述べています。

C　○

第1節 2

　判例は、共産党袴田事件において、本記述と同趣旨のことを述べています。

ひとこと

> なお、一般市民としての権利利益を侵害する場合は司法審査の対象となるものの、その場合の審理も**手続面が適正か否かに限られる**としている点も重要です。

D　✗　法令自体を違憲とすることもできる

3

　前半部分は正しいです。しかし、法令違憲の判断も出されており（尊属殺重罰規定事件や非嫡出子相続分事件等）、「法令そのものを違憲と判断する方法によることは」可能であり、「当該事件におけるその具体的な適用だけを違憲と判断する方法によらなければならない」ということはありません。

難易度 **B** 財 政

問題 95 財政に関する**ア〜オ**の記述のうち、妥当なもののみを全て挙げているのはどれか。 国家専門職2017

ア 国又は地方公共団体が、課税権に基づき、その経費に充てるための資金を調達する目的をもって、特別の給付に対する反対給付としてではなく、一定の要件に該当する全ての者に対して課する金銭給付は、その形式のいかんにかかわらず、憲法第84条に規定する租税に当たるとするのが判例である。

イ 予見し難い予算の不足に充てるため、国会の議決に基づいて予備費を設け、内閣総理大臣の責任でこれを支出することができる。ただし、予備費の支出については、事前又は事後に国会の承諾を得なければならない。

ウ 全て皇室の費用は、予算に計上して国会の議決を経なければならない。また、皇室に財産を譲り渡し、又は皇室が、財産を譲り受け、若しくは賜与することは、国会の議決に基づかなければならない。

エ 国の収入支出の決算は、全て毎年会計検査院がこれを検査し、会計検査院は、次の年度に、その検査報告とともに、これを国会と内閣に提出しなければならない。

オ 内閣は、国会に対し、定期に、少なくとも毎年1回、国の財政状況について報告しなければならず、国民に対しても、同様に報告をする必要がある。

1 ア、ウ
2 イ、エ
3 ウ、オ
4 ア、ウ、オ
5 イ、エ、オ

（参考）日本国憲法
第84条 あらたに租税を課し、又は現行の租税を変更するには、法律又は法律の定める条件によることを必要とする。

正　解 **4**

　イと**エ**が✖とわかっただけでは、ほとんど絞り込めません。各記述の正誤判定がきちんとできるだけの正確な知識が要求され、比較的難しい問題といえます。

ア　〇　　　　　　　　　　　　　　　　　　　　　　　　**2**

　判例が租税の意義として旭川市国民健康保険条例事件において述べたものと合致しています。

イ　✖　内閣の責任で支出、事後に国会の承諾　　　　　**4**

　予備費の支出は**内閣の責任**でこれを行います（87条1項）。また、予備費の支出については内閣が、**事後に国会の承諾**を得なければなりません（同条2項）。

ウ　〇　　　　　　　　　　　　　　　　　　　　　　　　**4**

　前半は88条後段に合致した内容になっています。また、後半は8条に合致した内容になっています。

エ　✖💡　内閣が国会に提出　　　　　　　　　　　　　**4**

　「国の収入支出の決算は、すべて毎年会計検査院がこれを検査し、内閣は、次の年度に、その検査報告とともに、これを国会に提出しなければならない」（90条1項）と規定され、**提出するのは会計検査院ではなく内閣であり、提出先は国会のみ**です。

オ　〇　　　　　　　　　　　　　　　　　　　　　　　　**4**

　「内閣は、国会及び国民に対し、定期に、少くとも毎年1回、国の財政状況について報告しなければならない」（91条）という条文どおりの記述です。

問題 96 予算に関する次の記述のうち、妥当なのはどれか。

国家一般職2012

1 予算案には内閣が作成して国会に提出するもの及び議員の発議によるものがあるが、議員が予算案を発議するには、衆議院においては議員50人以上、参議院においては議員20人以上の賛成が必要となる。

2 国会は、内閣から提出された予算案の議決に際し、予算案の一部を排除削減する修正をすることはできるが、予算案の一部を増額修正することは一切できないと解されている。

3 予算について憲法は衆議院の優越を認めている。予算案が衆議院で可決され、参議院でこれと異なった議決がされた場合、衆議院で出席議員の3分の2以上の多数で再び可決されたときは、予算となる。

4 予見し難い予算の不足に充てるため、国会の議決に基づいて一定の金額をあらかじめ予備費として設け、内閣の責任において支出することができる。

5 予算が会計年度開始までに成立しなかった場合には、暫定予算によることになるが、暫定予算も会計年度開始までに成立しなかったときは、暫定予算が成立するまでの間、内閣は、当然に前年度の予算を執行することができると解されている。

4は条文どおりの記述なので〇とストレートに判断できるでしょう。**5**が少し難しいものの、他の記述は基本的な知識を問う問題になっています。

1　✕　予算の作成提出は内閣のみ

内閣のみが予算の作成提出権を有しており（73条5号）、国会議員が提出することはできません。

 ┃ 予算を伴う法律案の発議は、衆議院においては議員50人以上,
参議院においては議員20人以上の賛成を必要とします。

2　✕ 💡　増額修正も可能

国会による予算の**減額修正には制限がない**と一般に考えられています。一方、**増額修正も可能**です。ただし、予算の作成提出権を内閣に専属させている趣旨から予算の同一性を損なうような**大幅な増額修正は許されない**とされています。

3　✕　衆議院による再議決は不要

予算について参議院で衆議院と異なった議決をした場合、**衆議院の議決が国会の議決となります**（60条2項）。

4　〇

予見し難い予算の不足に充てるため、国会の議決に基づいて予備費を設け、内閣の責任でこれを支出することができます（87条1項）。

5　✕ Skip▶️　当然に前年度の予算を執行できるわけではない

予算が会計年度開始までに成立しなかった場合には、暫定予算によることになりますが、暫定予算も会計年度開始までに成立しなかったときは、前年度の予算を執行することができるとする規定はなく、内閣は当然に前年度の予算を執行できるわけではありません。

地方自治

第4章第2節

問題 97 　地方自治に関する**ア〜オ**の記述のうち、妥当なもののみを全て挙げているのはどれか。

国家一般職2021

ア　憲法第29条第2項が財産権の内容は法律で定めると規定していることから、条例による財産権の制限は許されないのが原則であるが、法律の個別具体的な委任がある場合には、条例による制限も許されると一般に解されている。

イ　憲法第84条は、租税を課すには法律によることを必要とすると規定しているから、法律の個別具体的な委任なくして、条例によって地方税を賦課徴収することは同条に違反するとするのが判例である。

ウ　憲法が各地方公共団体の条例制定権を認める以上、地域によって差別を生ずることは当然に予期されることであるから、かかる差別は憲法自ら容認するところであると解すべきであり、地方公共団体が売春の取締りについて各別に条例を制定する結果、その取扱いに差別を生ずることがあっても、地域差を理由に違憲ということはできないとするのが判例である。

エ　憲法上の地方公共団体といい得るためには、単に法律で地方公共団体として取り扱われているということだけでは足らず、事実上住民が経済的文化的に密接な共同生活を営み、共同体意識を持っているという社会的基盤が存在し、沿革的に見ても、また、現実の行政の上においても、相当程度の自主立法権、自主行政権、自主財政権等地方自治の基本的権能を付与された地域団体であることを必要とするとするのが判例である。

オ　地方公共団体の長、その議会の議員及び法律の定めるその他の吏員は、その地方公共団体の住民により直接選挙される。また、地方公共団体の議会の議員は、地方自治法において、不逮捕特権や免責特権が認められているが、国会議員や他の地方公共団体の議会の議員との兼職は禁止されている。

1 ア、イ　　**2** ア、ウ　　**3** イ、オ
4 ウ、エ　　**5** エ、オ

正　解 4

　アと**オ**が✕とわかれば正解できる問題です。比較的易しい問題といえるでしょう。**ウ**は第1編第2章第2節で学習した判例です。

ア ✕　条例による財産権の制限も許される

　条例による財産権の制限は許されると考えられており、**法律の個別具体的な委任は不要**です。

イ ✕　委任なく条例による課税も許される

　普通地方公共団体は国とは別途に**課税権の主体となることが憲法上予定されている**とするのが判例であり、条例によって地方税の賦課徴収するために、**法律の個別具体的な委任は必ずしも必要ではありません**。

ウ ○ 第1編第2章第2節 ②

　判例は、売春等取締条例事件において同様のことを述べています。

エ ○ ②

　判例は、東京都の特別区が憲法上の地方公共団体であるか否かが争われた事件において、本記述と同様のことを述べています。

> **ひとこと**　本判例では、結論として、**特別区を憲法上の地方公共団体と認めることはできない**としています。

オ ✕　地方議会議員は特権の対象外 第1章第2節 ④

　前半は条文どおりで正しいです（93条2項）。しかし、地方公共団体の議会の議員には、**不逮捕特権や免責特権は認められていません**（51条）。

地方自治

問題 98 日本国憲法に規定する地方自治に関する記述として、判例、通説に照らして、妥当なのはどれか。 特別区Ⅰ類2020

1 団体自治の原則とは、地域の住民が地域的な行政需要を自己の意思に基づき自己の責任において充足することをいい、地方公共団体の長、その議会の議員及び法律の定めるその他の吏員は、その地方公共団体の住民が、直接これを選挙するとの憲法の規定は、当該原則を具体化したものである。

2 憲法は、新たに租税を課し、又は現行の租税を変更するには、法律又は法律の定める条件によることを必要とするという租税法律主義の原則を定めており、ここでいう法律には条例が含まれないと解されるので、地方公共団体は条例で地方税を賦課徴収することはできない。

3 最高裁判所の判例では、条例は、公選の議員をもって組織する地方公共団体の議会の議決を経て制定される自治立法であって、行政府の制定する命令等とは性質を異にし、むしろ国民の公選した議員をもって組織する国会の議決を経て制定される法律に類するものであるから、条例によって刑罰を定める場合には、法律の授権が相当な程度に具体的であり、限定されておれば足りるとした。

4 最高裁判所の判例では、憲法が、地方公共団体の組織及び運営に関する事項は地方自治の本旨に基づいて法律でこれを定めると規定しているため、住民訴訟の制度を設けるか否かは立法政策の問題とはいえず、かかる制度を地方自治法に設けていないことは、地方自治の本旨に反するとした。

5 最高裁判所の判例では、条例が国の法令に違反する場合には効力を有しないことは明らかであり、条例が国の法令に違反するかどうかは、それぞれの趣旨、目的、内容及び効果を比較し、両者の間に矛盾抵触があるかどうかによってこれを決する必要はなく、両者の対象事項と規定文言を対比するのみで足りるとした。

　各記述が少し長い文章になっているので難しく感じるかもしれませんが、問われていること自体は難しい内容ではなく、標準的なレベルの問題です。

1　✕　💡　「団体自治」ではなく「住民自治」　①

　団体自治の原則とは、地方自治が**国から独立した団体の権限と責任で行われること**を指します。

2　✕　条例が含まれる　第1節 ②

　租税法律主義を規定する**84条の「法律」には、条例も含まれる**と考えられています。したがって、地方公共団体は、条例で地方税を賦課徴収することができます。

3　○　③

　判例は、大阪市売春取締条例事件において、本記述と同様のことを述べています。

4　✕　Skip ▶︎　地方自治の本旨に反するとはいえない

　判例は、住民訴訟の制度を設けるか否かは立法政策の問題であり、住民訴訟の制度を設けていなくても憲法92条の地方自治の本旨に反するとはいえないとしています。

5　✕　矛盾抵触があるかどうかで判断　③

　判例は、条例が国の法令に違反するか否かについては、「趣旨、目的、内容及び効果を比較し、両者の間に**矛盾抵触があるかどうか**」によって判断するとしています（徳島市公安条例事件）。両者の対象事項と規定文言を対比するだけで判断することはできません。つまり、形式的な判断ではなく、**内容等に照らした実質的な判断が必要**とされています。

地方自治

問題 99　日本国憲法に規定する条例又は特別法に関する記述として、判例、通説に照らして、妥当なのはどれか。　　　　特別区Ⅰ類2022

1　地方公共団体は、法律の範囲内で条例を制定することができるが、この条例には、議会が制定する条例のみならず、長が制定する規則も含まれる。

2　地方公共団体は、法律の範囲内で条例を制定することができるが、法律で定める規制基準より厳しい基準を定める条例は一切認められない。

3　財産権の内容については、法律によってのみ制約可能であり、条例による財産権の制限は認められない。

4　最高裁判所の判例では、大阪市売春取締条例事件において、条例によって刑罰を定める場合、法律の授権が相当な程度に具体的で、限定されていれば足りると解するのは正当でなく、必ず個別的・具体的委任を要するものとした。

5　一の地方公共団体のみに適用される特別法は、法律の定めるところにより、特別の国民投票においてその過半数の同意を得なければ、制定することができない。

　1を○と確定するのは難しく、消去法で判断する必要があります。それでも標準的なレベルの出題といえるでしょう。

1　○ Skip▶

　94条は、「地方公共団体は、…法律の範囲内で条例を制定することができる」と規定していますが、本条の「条例」には、地方公共団体の長の制定する「規則」も含まれるとされています。

2　✕　上乗せ条例も許される場合あり

　徳島市公安条例事件によれば、①条例が国の法令とは別の目的に基づき、条例の適用によって国の法令の規定の意図する目的と効果を何ら阻害することがないときや、②両者が同一の目的に出たものであっても、国の法令が全国的に一律に同一内容の規制を施す趣旨ではなく、それぞれの普通地方公共団体において、その地方の実情に応じて、別段の規制を施すことを容認する趣旨であるときは、法律で定める規制基準よりも厳しい基準を条例で定めることも許されます。

3　✕　条例による財産権の制限も許される

　条例は地方議会によって民主的に制定される自主立法であり、法律に類するものであることから、条例によって財産権を制限することも許されます。

4　✕ 💡　相当な程度に具体化されていれば足りる

　判例は、大阪市売春取締条例事件において、条例は国会の議決を経て制定される法律に類するから、条例で刑罰を定める場合は、法律の授権が相当な程度に具体的であり、限定されていれば足りるとしています。

5　✕　国民投票ではなく住民投票

　ある特定の地方公共団体のみに適用される特別法は、法律の定めるところにより、「その地方公共団体の住民の投票」においてその過半数の同意を得なければ、国会は、これを制定することができません（95条）。

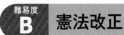
問題100　日本国憲法に規定する憲法改正に関するA～Dの記述のうち、通説に照らして、妥当なものを選んだ組合せはどれか。　　特別区Ⅰ類2016

A　憲法改正に関して、憲法改正権と憲法制定権力は同質であり、制定された憲法の枠には拘束されず、法は社会の変化に応じて変化すべきであり、憲法もその例外でないことから、法的な限界はない。

B　憲法改正は、各議院の総議員の3分の2以上の賛成で、国会がこれを発議するが、議員が憲法改正案の原案を発議するには、衆議院においては議員100人以上、参議院においては議員50人以上の賛成を要する。

C　憲法改正案は、特別の国民投票又は国会の定める選挙の際に行われる投票に付され、憲法改正案に対する賛成の投票の数が賛成の投票の数及び反対の投票の数を合計した数の2分の1を超えた場合は、当該憲法改正について国民の承認があったものとする。

D　憲法改正について国民の承認を経たときは、国会は天皇の名で、この憲法と一体を成すものとして、直ちにこれを公布する。

1　A　B
2　A　C
3　A　D
4　B　C
5　B　D

Bと**C**を**〇**と判定するのは難しいものの、**A**と**D**は**✕**と十分判断可能であり、それで正解は**4**と確定できます。少し難しめの問題といえるでしょう。

A ✕ 💡　改正には限界がある ②

本記述は改正無限界説からの説明になっていますが、通説は、**憲法改正には法的な限界がある**とする改正限界説です。

B 〇 Skip ▶

憲法の改正は、各議院の総議員の3分の2以上の賛成で国会がこれを発議します（96条1項）。また、憲法では規定されていませんが、法律上、議員が憲法改正案の原案を発議するには、衆議院においては議員100人以上、参議院においては議員50人以上の賛成を必要とします（国会法68条の2）。

C 〇 ①

憲法改正についての国民の承認は、特別の国民投票又は国会の定める選挙の際に行われる投票において、その過半数の賛成を必要とします（96条1項）。「その過半数の賛成」の意味については、国民投票法で、憲法改正案に対する賛成の投票の数が賛成の投票の数及び反対の投票の数を合計した数の2分の1を超えることをいうと規定されています（国民投票法126条1項、98条2項）。

D ✕　天皇が国民の名で公布する ①

憲法改正について国民の承認を経たときは、**天皇は、国民の名で、この憲法と一体を成すものとして、直ちにこれを公布します**（96条2項）。